DESPIERTA
A LAS DIOSAS
QUE HAY EN TI

DESCARGA
GRATIS
CON ESTE
CÓDIGO
en la web www.editorialsirio.info

MDLUZ27

TE ENVIAREMOS UNAS PÁGINAS DE
LECTURA MUY INTERESANTES

Promoción no permanente. La descarga de material
de lectura sólo estará disponible si se suscriben a
nuestro boletín de noticias. La baja del mismo puede
hacerse en cualquier momento.

Título original: You Are a Goddess
Traducido del inglés por Julia Fernández Treviño
Diseño de portada: Editorial Sirio, S.A.
Diseño y maquetación de interior: Toñi F. Castellón

© de la edición original
2018 de Sophie Bashford

Publicado en 2018 por Hay House UK Ltd.
Sintonizar Hay House en: www.hayhouseradio.com

© de la presente edición
EDITORIAL SIRIO, S.A.
C/ Rosa de los Vientos, 64
Pol. Ind. El Viso
29006-Málaga
España

www.editorialsirio.com
sirio@editorialsirio.com

I.S.B.N.: 978-84-18000-04-1
Depósito Legal: MA-1375-2019

Impreso en Imagraf Impresores, S. A.
c/ Nabucco, 14 D - Pol. Alameda
29006 - Málaga

Impreso en España

Puedes seguirnos en Facebook, Twitter, YouTube e Instagram.

SOPHIE BASHFORD

DESPIERTA
A LAS DIOSAS
QUE HAY EN TI

Nueve arquetipos para sanar y transformar
tu vida con lo sagrado femenino

EDITORIAL
SIRIO

Para Ruby e Índigo

Considera a la mujer como a una diosa,
de ahí proviene su especial energía,
y hónrala como corresponde a su rango.
Uttara Tantra.
Todos los centros de peregrinación existen
en el cuerpo de una mujer.
Purascharanollasa Tantra.

Ajit Mookerjee,
Kali, La fuerza femenina

Índice

Agradecimientos

E l nacimiento de este libro ha requerido cuidados pacientes, sabios y experimentados durante su alumbramiento; ha sido guiado hacia la vida terrenal por la influencia, el apoyo, la magia, la sanación, la sabiduría y el amor de muchas personas maravillosas.

Todos aquellos que nombro a continuación me han respaldado firmemente, y han sido mi tabla de salvación en algunos momentos en que necesité sumergirme en lo más profundo de mí misma.

Ellos han hecho posible que yo creara esta obra.

Quiero expresar mi profunda gratitud a todos los que han marcado mi vida de un modo extraordinario. Ellos son la razón principal por la que tienes este libro en tus manos.

Gracias a todos los que trabajan en Hay House del Reino Unido, por ofrecerme esta valiosa oportunidad, por ser tan cálidos y acogedores y por brindarme tanto apoyo. Mi agradecimiento y mi amor especiales para Amy Kiberd, por su brillante ayuda y por sus comentarios durante el intenso proceso de redacción del libro, y a

Sandy Draper, ¡por la edición tan sensible y cualificada de un manuscrito tan extenso!

Cuando vi el diseño de cubierta* sentí una alegría desbordante, y estoy realmente agradecida a Lily Moses y a su intuición excepcional.

Estos ángeles terrenales llegaron en el momento perfecto, y quiero expresar mi profundo agradecimiento a Bennaceur, Karel Ironside, Kathy Whitestone, Elaine Gibbons, Debbie Clayton, Ja'been Jafferji, Iren Vedadi, Michele Winter, Vicki Bryceson y Corinne Taylor por enriquecer mi vida.

Mis amigos son los cimientos por los que me mantengo conectada conmigo misma y por los que tengo el valor de escribir. Mi amor más profundo fluye hacia: Nemone Metaxas, Jodie Stacey, Heather Hawthorn y Anne Greenwood, por estar presentes de una forma para la que el término *hermandad* se queda corto: vuestro amor, lealtad y generosidad son impresionantes. Leigh Fergus, debo decir que tu inmenso amor y apoyo me desarman; gracias por sostener con firmeza esta tarea entre tus brazos de guerrero y por no dejar nunca de creer en mí. Karen Godfrey, eres un diamante: gracias por hacer posible que realizara mi trabajo y por ir mucho más allá en servicio de la Diosa. Bilge Inal, te agradezco tu enorme compasión y férrea paciencia para sanar mi corazón. Estoy muy agradecida a Jack Cryer, Saskia Harding, Caitlin Easterby y Nadia Strahan, por ser testigos compasivos de mi trabajo, por las risas, las lágrimas, la escucha, y por ser una verdadera inspiración.

Y mi agradecimiento también a Jonathan Glenn Cowan, Oliver Gray y Xenjhi Ak'ruhm Kumara, por ser hombres que aman a la Diosa.

Gracias, Stu, por ser el mejor padre y exmarido, y por creer en el poder y la belleza de la palabra escrita con esmero.

---

* La autora hace referencia a la cubierta de la edición original.

Es difícil expresaros la profundidad de mi gratitud a mi padre y a Sandra por vuestro amor, apoyo y cuidado infinitos, pero espero de verdad que podáis sentirla.

Rudy e Índigo, sois los amores de mi vida, y sois el testimonio de todo lo que tardo en ofrecer mis dones. No siempre me resulta fácil, y estoy muy agradecida por las personas que sois.

Y a todos los que estáis en otros reinos de la existencia, las diosas, los ángeles, los espíritus guardianes y los hacedores de magia, gracias por ayudarme a despertar mostrándome mi poder divino, expandiendo constantemente mi ser y recordándome que la vida es un milagro.

Si eliges amar a una mujer que ha despertado

Si eliges amar a una mujer que ha despertado, debes comprender que estás entrando en un territorio desafiante y radical.

Si eliges amar a una mujer que ha despertado, no puedes quedarte dormido.

Si eliges amar a una mujer que ha despertado, cada parte de tu alma se sentirá excitada, y no solo tus órganos sexuales y tu corazón.

Para hablar con franqueza, si prefieres una vida normal, elige una chica normal.

Si quieres una vida mansa y monótona, busca una mujer que se haya dejado domesticar.

Si solo quieres mojar los dedos de tus pies en las aguas de Shakti, permanece con esa mujer mansa y dócil que todavía no se ha sumergido en el tempestuoso océano femenino sagrado.

Resulta cómodo amar a una mujer que todavía no ha activado sus poderes sagrados internos, porque ella nunca provoca ni molesta.

Nunca osará desafiarte.

Nunca te presionará para que alcances tu Ser Superior.

No despertará las partes olvidadas y adormecidas de tu espíritu, que te urgen a recordar que hay muchas otras cosas en tu vida en la Tierra.

Ella no se detendrá a mirar tus ojos cansados, ni te enviará un rayo de verdad que atraviese tu cuerpo para obligarte a despertar, agitando y removiendo los antiguos deseos, perdidos hace mucho tiempo, de conocer el amor del alma guardado en tu interior.

Una mujer que aún no ha despertado es una mujer que te ofrece seguridad porque se ocupará de satisfacer y calmar tu ego, tu corazón y tu cuerpo maravillosamente bien. Ella caminará a tu lado en silencio, y te hará sentir necesario, responsable y satisfecho con tu rol masculino.

Si esto te resulta suficiente, debes aceptarlo: ámala con todo tu corazón, sé fiel y agradece cada día el regalo de tener en tu vida esa suave presencia femenina que no resulta amenazadora.

Pero si esto no es bastante para ti, si tu corazón, tu cuerpo y tu espíritu ansían conocer otro tipo de mujer, la Mujer Salvaje, debes saber que estás en el umbral de la transformación de tu alma.

Debes saber que estás haciendo una elección con consecuencias kármicas.

Si eliges entrar en el aura y el cuerpo de una mujer cuyo fuego espiritual está ardiendo, aceptas que necesitas un determinado nivel de peligro y de riesgo para tu crecimiento personal.

Cuando comiences a amar a una mujer de esta naturaleza, deberás asumir toda la responsabilidad de los cambios que sobrevendrán en tu vida. Tu vida no será siempre aletargadamente cómoda. Tu vida no te permitirá que te quedes atrapado en viejas rutinas. Tu vida dará un giro radical con nuevos sabores y aromas.

Te sentirás provocado por la presencia de la femineidad salvaje, que comenzará a enviar descargas eléctricas de luz espiritual a tu sistema de chakras para que te sintonices con la Llamada de lo Divino.

Elegir una relación romántica y sexual con una mujer que ha despertado requiere coraje masculino para encaminarse sin temores hacia lo desconocido. Sin embargo, recibirás recompensas que superarán tu comprensión mental.

Ella te llevará a mundos no descubiertos de magia y misterio.

Te conducirá, maravillado y algo embriagado de amor, hacia los bosques salvajes del éxtasis y de los prodigios de la sensualidad.

Te mostrará los cielos sagrados tan llenos de estrellas refulgentes que te preguntarás si sigues viviendo en el mismo planeta en que has nacido.

Te abrirá y desgarrará para que tu fiero y apasionado corazón casi te haga enloquecer de anhelo. Desearás tomarla y penetrarla en todos los niveles para que tu esencia masculina pueda tomar y penetrar el mundo, iluminando el universo con tu devoto amor.

Te verá como nunca nadie te vio antes.

Confiará en ti.

Te apreciará.

Reconocerá tus esfuerzos por hacerla feliz.

Valorará todas las cosas buenas que hagas y tu propia bondad.

No huirá de tu oscuridad, porque no la teme.

Te abrazará, te besará, te acariciará y te amará para devolverte a la vida. Pronunciará las palabras que tu alma comprende. Nunca te castigará por tus errores.

Es un riesgo enorme amar a una mujer que ha despertado, porque con ella no hay lugar donde esconderse. Puede darlo todo, y por eso puede amarte con una presencia y una profundidad que tu corazón y tu cuerpo han deseado intensa y apasionadamente desde hace mucho tiempo... y esto te hará pensar en cómo has podido vivir cuando ella no estaba allí.

Amar a esta clase de mujer es tu elección de empezar a vivir con el alma encendida.

Tu vida ya nunca será la misma una vez que hayas sido invitado a compartir su energía.

Asume el riesgo, o de lo contrario da un paso atrás y elige una mujer normal y una vida más cómoda y más segura, en cierto sentido una vida más tranquila.

Pero si te inclinas por esta última opción debes asegurarte de que no pasarás el resto de tus días mirando hacia atrás por encima de tu hombro, esforzándote por ver una vez más la borrosa visión del misterio femenino que ahora ha desaparecido de tu vista.

Ella se ha marchado hace mucho tiempo, se ha elevado nuevamente a las estrellas, a las galaxias distantes, al cielo... de donde había venido.

La invitación

oy un canal intuitivo para lo *Divino Femenino*.

Hace veinte años no sabía qué significaba eso. Sin embargo, cuando desperté a la Conciencia de la Diosa, algo me liberó de muchas vidas en las que había suprimido dolorosamente el poder femenino sagrado, iluminó las heridas más profundas de mi alma y me presionó para que las sanara. Y ahora mi vida se centra en utilizar los dones que he descubierto dentro de mí.

Este libro te invita a aventurarte en el reino de lo Divino Femenino y te muestra cómo puedes utilizar las enseñanzas de las diosas para sanar, despertar y transformar. Pero vamos a comenzar por establecer una conexión más profunda entre nosotras. Respira conmigo, toma mi mano y abre tu alma para recibir la Llamada de la Diosa.

La llamada de la Diosa

Nos encontramos en medio de una resurrección femenina sagrada que está restableciendo el orden y el equilibrio terrenal y está volviendo a despertar a todos los que tienen vínculos vitales antiguos con la Diosa.

La misión es devolver el protagonismo a los elementos esenciales de la vibración femenina: el amor incondicional, la conexión con la naturaleza, los cuidados, la compasión, la confianza en la fluencia de la vida, la sabiduría intuitiva, la inteligencia emocional, la sensibilidad y la receptividad.

Nuestro planeta ha estado desequilibrado durante cientos, o quizás miles, de años. Nos han alentado a dar un valor enorme al paradigma masculino, es decir, a percibir el mundo e interactuar con él utilizando la lógica, el raciocinio, un control férreo y la contundencia, y a concebir estrategias pensando únicamente en encontrar soluciones. El resultado de la dominancia de la energía masculina ha sido una falta de equilibrio y de armonía global. El paradigma femenino no solamente ha sido minusvalorado y vilipendiado; desde una perspectiva espiritual también ha sido suprimido, traumatizado y violado.

Ha llegado la hora de sanar las heridas infligidas en el cuerpo y la psique de este planeta. Ha llegado la hora de que todos los individuos, que en un momento vivieron y trabajaron en estrecha colaboración con las energías de la Diosa, den un paso adelante y asuman su función en esta revolución sagrada.

Lo Divino Femenino

La energía de lo Divino Femenino, o Conciencia de la Diosa, es una frecuencia universal que reside en el corazón de nuestra existencia física y espiritual, y equivale a un estado de conciencia elevado, carente de juicios y que no provoca daño alguno. Trasciende la mente y el ego humanos porque surge de la energía pura del amor. Está conectada con la sabiduría del corazón, con las leyes naturales y divinas y con una vida compasiva, armoniosa y pacífica.

La Conciencia de la Diosa es también una filosofía que representa un sistema de interpretación para la vida y el universo. No es necesariamente femenina ni está asociada a las mujeres, pero simboliza la fuerza vital *femenina*. Lo **Divino Femenino** es una expresión de la verdad superior o divina: un mandato para una conducta sanadora consciente que tiene algunas características específicas, como por ejemplo:

- Confiar en el fluir infinito de la vida, los ritmos y los ciclos naturales.
- Aceptar y recibir la luz y el resplandor.
- Actuar desde el amor incondicional y la compasión.
- Sanar a través del perdón y la aceptación.
- Acceder a la sabiduría de un corazón abierto.
- Encarnar la gracia.
- Cultivar la paz.

El aspecto femenino es también una fuerza pura, salvaje, ardiente y tumultuosa que porta la energía del alumbramiento. Es a la vez la «luz» y la suavidad de una pluma, pero también un recipiente para lo «oscuro» y lo ferozmente indómito. Las fuerzas sanadoras que sostienen la vida de lo Divino Femenino están conectadas con la fertilidad, el nacimiento y toda la creación, y establecen el vínculo con las imágenes de la «mujer». Hablando en términos generales, la energía de la Diosa está más anclada en las mujeres que en los hombres. Como es evidente, hay excepciones. Sin embargo, como regla general las mujeres tienen más vínculos físicos, espirituales y energéticos con la Conciencia de la Diosa.

La Gran Madre y el gran corazón de la Diosa

De la misma manera que una mujer alumbra una nueva vida, la Diosa alumbra la Tierra y el universo. Así como la mujer da la vida y la nutre, la Diosa nutre a la Tierra y el universo. Esta es la base de los cultos y las creencias espirituales de muchas culturas antiguas. La Gran Madre es un arquetipo de la mitología, y se dice que ha dado a luz a todo el cosmos. En muchas religiones y culturas indígenas, el concepto de una Gran Madre omnipresente está incorporado en las creencias espirituales de la creación y la naturaleza.

En el hinduismo, la veneración de la diosa Shakti como «primera creación» y Gran Madre sigue siendo central en la vida devocional. Ajit Mookerjee describe en su libro *Kali: la fuerza femenina* de qué forma lo Divino Femenino «representa el principio creativo primordial que subyace al cosmos». En todo el planeta, la Diosa Madre ha sido reconocida como una piedra angular primigenia y espiritual de la humanidad desde las civilizaciones más antiguas (30000-3000 a. C.).

Los objetos, tótems y obras de arte de las civilizaciones indígenas, incluyendo las de África, Egipto, Oriente Medio, el Lejano Oriente, Europa y las Américas, demuestran claramente la primacía del principio de lo Sagrado Femenino. Hay una plétora de objetos e iconografía de lo Divino Femenino en nuestros museos, o en cualquier libro que hable de las diosas. Estas riquezas arqueológicas demuestran la importancia central de la Diosa Madre para nuestra herencia espiritual colectiva.

A la Gran Madre se le atribuye el concepto de la afirmación de la vida, lo que nos demuestra que es considerada como un ente universal, espiritualmente completa. Ella ha concebido todo lo que conocemos y experimentamos y, en consecuencia, podemos contemplarla como un poder cósmico soberano «supremo».

Normalmente se habla de la Tierra como una entidad matriarcal feminizada, y los términos *Madre Naturaleza* y *Madre Tierra* están muy generalizados. Esta forma de hablar refleja que la *energía de lo Divino Femenino* está profundamente arraigada en la forma en que la humanidad ha procurado definir nuestra experiencia vital en este planeta. A pesar de que este ha estado dominado por un sistema patriarcal masculinizado durante muchos siglos, la Conciencia de la Diosa todavía puede verse en el corazón y el alma de la necesidad humana de encontrar un significado sagrado para la existencia.

Todos los seres humanos se desarrollan dentro del vientre de la mujer que los trae al mundo. Nuestra conciencia celular más profunda del significado de la vida está arraigada en la verdad de cómo hemos llegado a formar parte de la existencia. No importa cuáles sean nuestras creencias espirituales o filosóficas personales, todo lo que vemos a nuestro alrededor es la Madre Naturaleza reflejada en nuestro propio Ser. Los patrones y formas que recorren nuestra estructura fisiológica se reflejan en la Naturaleza, y el proceso de nacimiento-muerte-vida es un patrón que se repite una y otra vez en todos los organismos vivos que existen sobre la Tierra.

En el fondo, todos sabemos que la fuerza vital femenina es poderosa y merece un respeto eterno. Es portadora de los misterios y milagros que se producen en su vientre sagrado, y nuestras mentes lógicas nunca pueden albergar la esperanza de comprenderlo. Sabemos instintivamente que el rostro femenino de Dios debe ser valorado, y en nuestro planeta ya estamos descubriendo lo que sucede si dejamos que la energía universal se desequilibre.

El equilibrio de las energías femenina y masculina

Como ya he mencionado, tanto los hombres como las mujeres poseen energía femenina y energía masculina, o tal como lo define el maestro espiritual David Deida, «esencias». Estas energías opuestas forman el aura de nuestra Tierra; son el yin y el yang de los sistemas de la energía universal, Shiva y Shakti del cosmos. Son las polaridades de los procesos sexuales y reproductores, y necesitamos ambas energías para que la vida física siga existiendo. También hay que decir que las energías, o esencias, masculina y femenina son más que biológicas. Es posible percibirlas en las áreas emocional, mental y espiritual de la existencia.

La energía masculina puede describirse como el aspecto activo y direccional, el aspecto «hacer». Está vinculada con el cuerpo físico y mental del aura, y tiene unos principios generales característicos, como por ejemplo:

- Lógica, razón, racionalidad.
- Estrategia, planificación, objetivos.
- Pensamiento orientado a encontrar soluciones.
- Resolución de problemas.
- Toma de decisiones.
- Concepciones y procedimientos lineales.
- Pensamiento e intelecto.
- Control y persecución de objetivos.
- Competencia y ambición.
- Fijación de propósito y dirección.
- El vacío y la nada.

La energía femenina puede describirse como el aspecto receptivo y orgánico, el aspecto «ser». Está vinculada con los cuerpos emocional y espiritual del aura, y tiene unos principios generales característicos, como por ejemplo:

- Emociones y sentimientos.
- Conciencia intuitiva, no racional.
- Procesos que fluyen de forma cíclica y en espiral.
- Permitir y aceptar.
- Confiar en los resultados no naturales.
- Quietud interior y del Ser.
- Relación y conexión.
- Escuchar los métodos sutiles de comunicación, como pueden ser la voz del corazón y del espíritu, y la voz interior de la verdad.
- Estar en contacto con los reinos no físicos de la existencia, por ejemplo con los planos espirituales.
- Plenitud y forma.
- Encarnar la fuente divina del amor.

Este es un resumen muy simplificado de las esencias femenina y masculina. Ninguna de las dos es mejor que la otra; poseemos y necesitamos las dos formas y estilos para expresar nuestra humanidad. También las necesitamos a ambas para crear la dinámica sexual de las relaciones y sostener la carga magnética de la Tierra. Sin embargo, lo que más necesitamos es **equilibrio**. Y lo que hace falta en este planeta desde hace muchos siglos es un verdadero equilibrio entre las energías masculina y femenina. Curiosamente, en nuestros paradigmas sociales y culturales el sistema de la energía femenina ha sido suprimido.

La disminución de la Conciencia de la Diosa

Si solamente nos enfocamos en un solo sistema energético y lo valoramos, el otro resultará mermado. Si durante un periodo de tiempo determinado la conciencia terrenal es dominada por un conjunto de cualidades y enfoques sobre la vida, luego puede parecer que los demás enfoques son menos viables, verdaderos y necesarios. Las otras cualidades podrían incluso ser consideradas como más débiles, menos significativas e incluso carentes por completo de importancia.

En realidad, existe una falta de equilibrio crónica entre las energías masculina y femenina; más aún, una falta de credibilidad y de valorización de la Diosa. Esa carencia fue lo que en realidad me provocó el deseo de escribir este libro. Estamos tan poco equilibrados con lo Divino Femenino, algo que es fundamental para la evolución de nuestro planeta, que *prácticamente todas las condiciones del éxito, del mérito y de la valía se incluyen en el conjunto de las cualidades masculinas*. Tenemos en tan alta estima los enfoques masculinos de la vida que subestimamos o trivializamos las características de la energía femenina: el «camino de lo femenino» queda despojado de todo valor o influencia.

A continuación nombro algunas de las formas en que se manifiesta lo femenino: una naturaleza emocional legitimada, un conocimiento intuitivo fiable, una sólida sabiduría del corazón, la capacidad para escuchar los mensajes sutiles de la naturaleza y del cuerpo, la pasión arrebatadora de la Madre espiritual que protege a sus hijos y a la Tierra, la apreciación de la salud de nuestras relaciones e interrelaciones más íntimas, la sanación que fluye de nuestras manos, la sensualidad primigenia y el poder nutriente de Shakti: una capacidad innata y natural para estar en sintonía con nuestro destino cósmico a través de cada respiración.

Hemos perdido la confianza y la fe en todo eso. Carecemos de ellas. Nos hemos transformado en un desierto de olvido. Hemos rechazado estas preciosas joyas del alma que proceden del corazón de la Tierra, los cofres del tesoro del universo. Hemos abandonado un depósito de gemas sagradas y claves para la vida. Al buscar únicamente el camino de lo masculino, hemos ignorado (con un gran coste y peligro) el poder sanador soberano y primordial de lo femenino espiritual.

Eres una diosa

Este desequilibrio energético ha dado lugar a una enfermedad espiritual, a una herida abierta, a un espacio de privación y hambruna. Nosotros, como ciudadanos de una sociedad global preocupados por cuidar un planeta amenazado y devastado, tenemos un agujero en nuestro corazón colectivo. Hemos dañado nuestro planeta al otorgar un gran valor a la mentalidad de «perder o ganar», típica del paradigma masculino temeroso e inconsciente. Hemos perdido la confianza en la voz serena del corazón y del espíritu. Hemos perdido nuestro camino.

Hemos perdido a la Diosa. Y no solamente su iconografía colocada en nuestros altares. Y no solamente nuestra intención de invitarla a volver a nuestras conversaciones. Hemos perdido nuestra memoria colectiva femenina sobre la gran verdad que nos hará libres. *Nos hemos olvidado de que ella vive en nosotras.* Nos hemos olvidado *de que nosotras somos la Diosa*, en cuerpo, corazón y alma. Hemos perdido la conexión con su forma de trabajar dentro de nosotras, a través de nosotras y para nosotras. ¿Y cómo podemos volver a descubrir lo sagrado a través de nuestras vidas, para entender que cada día normal, cada momento, cada aliento es creado por Ella?

En este momento crucial de cambio en la Tierra y la evolución humana, se nos ofrece un remedio. Lo sepas o no, existe una razón por la cual en este momento tienes este libro en tus manos.

Tú eres una diosa.
Tú eres el remedio.
Tú formas parte de un gran plan para la resurrección
de lo Divino Femenino en la Tierra.

Presta atención a tus sensaciones corporales mientras lees estas palabras. Ellas son la energía femenina que te habla; la voz de tu alma femenina. Estás invitada a aprender a escuchar esta voz, o a recordar cómo se hacía.

Esta es la voz del panteón de la Diosa, las mensajeras espirituales de la verdad, la luz, el amor y el poder, que se hace escuchar mientras ellas tejen sus instrucciones en todo tu ser. Ellas son tus maestras, tus mentoras, tus guías y tus amigas queridas. Son los pilares perdidos hace tiempo, que tienen una importancia colosal para ti.

Las diosas han retornado.

Han retornado para despertar recuerdos que pueden estar enterrados dentro de tu alma desde hace mucho tiempo. Tu vida está destinada a evolucionar y cambiar, y ha llegado el momento de que desarrolles la mayor expresión de tu poder femenino espiritual.

Las diosas te han guiado hasta este libro porque es un momento crucial para ti y un momento crucial para nuestra Tierra.

Debes recordar lo importante que es la conciencia de tu energía femenina para sanar y volver a equilibrar nuestro planeta. Debes recordar por qué has elegido esta vida y por qué has deseado formar parte de este importante renacimiento de la Conciencia de la Diosa. No tiene ninguna importancia si en este momento no tienes la menor idea de lo que significa todo esto. En realidad, es más útil que en esta etapa del camino no pienses demasiado en ello.

Gran parte de lo que leas en este libro te inducirá a **sentir** en lugar de **pensar**. Te guiará a través de un proceso que te ayudará a redescubrir los placeres, poderes y propósitos de tu propia energía de la Diosa. Te enseñará que la Conciencia de la Diosa no es algo abstracto y distante que no tiene ninguna influencia en tu vida real, eso que no puede estar más lejos de la verdad.

Este libro está en tus manos para mostrarte hasta qué punto la Diosa está presente en tu vida cotidiana y tu realidad.

Cada uno de los eventos importantes de tu vida, cada camino que has iniciado, cada error que crees haber cometido... podrían haber sido el trabajo de la misma Diosa. Ella te ha guiado hasta aquí: como un santuario, para impulsar tu curación y tu crecimiento personal. Ella te ha guiado hasta aquí en respuesta a tus propias plegarias destinadas a liberarte del sufrimiento. Ella te ha conducido hacia un milagro, y al descubrimiento de que **el milagro eres tú**. Con o sin tu conocimiento consciente, estás a punto de responder a una llamada sagrada.

Independientemente del sitio en que te encuentres en tu viaje espiritual, más allá de que estés familiarizada con la Diosa o, por el contrario, que no tengas la menor idea de lo que Ella es, en este preciso instante estás atendiendo intachablemente a su llamada.

Lo estás haciendo a la perfección. Todo está sucediendo como debe suceder.

Ahora respira profundamente. Inhala y siente tus pulmones llenos de aire. Exhala y percibe todas las sensaciones que experimenta todo tu cuerpo. Relájate. Sí, puedes relajarte. Puedes abandonarte.

Relaja el estómago. Relaja la mandíbula. Abre la garganta.

Ahora sigue leyendo... y permanece en todo momento ligeramente consciente de tu respiración y de las sensaciones de tu cuerpo.

Perfecto. Ya lo estás consiguiendo.

Estás entrando en sintonía con la diosa que eres tú.

Cuando la Diosa te pide que vuelvas a casa

Cuando conozcas mi historia personal, sabrás que yo no tenía la menor idea de lo que estaba sucediendo cuando la Diosa entró en mi vida y la cambió para siempre. Cuando tenía alrededor de veinticinco años lo único que sabía era que me sentía una fracasada en muchos sentidos y estaba bloqueada por una montaña de roca dura llena de dolor y tristeza. Estaba agotada de llevar a cuestas tantos sentimientos y emociones, y de vivir de una forma puramente mental.

No buscaba a la Diosa; no tenía la menor idea de quién era Ella, ni tampoco si el hecho de conocerla podría aportarme aquello a lo que realmente aspiraba. Desde luego, no era consciente de la revolución de lo Divino Femenino, ni siquiera deseaba tener una conexión espiritual.

Cuando la Diosa llega a tu vida, es bastante improbable que su presencia sea experimentada como una revelación divina o una visión celestial. Puede suceder que llegue en una etapa en la que tienes la sensación de haber llegado a un punto muerto, a un callejón sin salida, o incluso en un periodo de tu vida en el que todo se está desmoronando. Puedes estar sintiendo: «Simplemente no puedo seguir así» o «Todo lo que hay en mi vida se está cayendo a pedazos». Y muy posiblemente sea esa misma sensación lo que te impulse a iniciar un nuevo camino.

Si has decidido realizar un trabajo interno y dedicarte a tu sanación, tal vez ya estés familiarizada con lo que significa experimentar cambios intensos, y acaso también comprendas que todo ello puede interpretarse como la respuesta a una llamada espiritual. Sin embargo, puede ser que no hayas considerado que esa llamada del espíritu procede del reino de lo Divino Femenino.

Este libro ha llegado a ti como un mensajero sagrado. Una carta de amor de la Gran Madre que quiere que vuelvas a casa. Te pide que te dirijas a un espacio de conexión física con otras personas que están sintiendo lo mismo que tú: un espacio de profunda sanación emocional, un espacio de sintonía y de iniciación energética, un espacio de totalidad e integración espiritual.

Es poco probable que sientas los primeros avisos de esta llamada como algo puramente inmediato y emocionante. Tampoco es factible que después de recibir una noche la visita de la emanación de la Diosa, a la mañana siguiente adviertas que tus sueños se han cumplido y tu vida ya es «perfecta». Y al decir esto no pretendo hacer una profecía negativa, sino expresar el mensaje más importante de este libro:

Hemos sido condicionadas socialmente para no comprender la forma en que la energía femenina influye y modela nuestro ser y nuestra vida.

Hemos olvidado que la Diosa se manifiesta en nuestro cuerpo, nuestras emociones y nuestros ciclos y etapas de la vida. Hemos sido disuadidas de reconocer la verdad, la belleza, la sabiduría, el poder y la pasión de nuestra naturaleza femenina. La sociedad nos presiona para que nos adaptemos a una visión falsa y dañina de lo que significa ser una mujer con éxito, valor y mérito. Muchas de nosotras hemos llegado a creer que estamos «en el buen camino» y somos aceptables, únicamente si nuestra imagen y nuestra propia persona se corresponden con una percepción completamente distorsionada de *lo que en realidad somos en lo más profundo de nuestro ser.*

Las voces que controlan este relato social, de miras estrechas y basadas en la primacía de lo masculino, han sido muy potentes y nos han manipulado durante demasiado tiempo. *Para contrarrestar esas voces, necesitamos tu voz.* Tu verdadera voz, como expresión de tu energía femenina más auténtica, más profunda y más conmovedora. Eso es lo que se espera de ti.

Es posible que necesites trabajar intensamente con la Diosa durante varios años, y hacer muchos viajes espirituales a través de espirales, círculos y curvas, para que tu verdadera voz pueda revelarse plenamente. Pero no estás sola. Las diosas están aquí, con sus voces, sus poderes sanadores, su capacidad para tejer la transformación en tu vida y en tu alma e iluminar tus noches más oscuras de desesperación y desaliento. Llegarás a comprender que tus miedos son normales y naturales. Tus miedos salen a la superficie por una razón, y existe un Protector Divino Todopoderoso que puede sostenerlos entre sus cariñosos brazos.

Antes de continuar, vamos a escuchar lo que *la Diosa quiere decirte* cuando te pide que vuelvas a casa:

La llamada de la Diosa

Cuando la Diosa te pide que vuelvas a casa, es muy probable que hayas prestado oídos sordos al sonido de Su voz. Con frecuencia, los cuerpos de aquellos llamados a recordar la conexión con la Diosa han estado adormecidos y no han sentido Su caricia sagrada. Su llamada no es anunciada por una comunicación previa por escrito de cómo llegará a transformarlo todo.

La llamada de la Diosa a menudo se manifiesta como una sensación de descender al caos, a la disolución, al colapso, a la destrucción. Su llamada desmonta todas las ilusiones de desesperación y desaliento de los cuerpos energéticos y abre los canales de la conciencia espiritual.

Cuando estás destinada a seguir la voz de la Diosa, esa llamada generalmente se exterioriza como una sensación de que la vida no tiene sentido. Y esto se debe a que existe para ti un camino guiado por lo

Divino, un camino que en algún momento del pasado creíste que era posible.

Ahora, en gran parte, has olvidado lo que hay dentro de ti.

Las hijas e hijos de la Gran Diosa han estado en un exilio espiritual durante muchas vidas pasadas. Se han desconectado de sus dones, han endurecido su sensibilidad emocional, han desatendido su radar intuitivo y han pretendido estar satisfechos mezclándose con las masas adormecidas.

La mayoría de estas personas llegaron a esta vida con un sistema de creencias condicionado que las convenció de que llevarían una existencia prosaica, sin ninguna resonancia con el latido de su propia alma.

Al llegar la llamada de la Diosa, de alguna manera estas personas experimentan un cambio profundo en su vida.

Para la mayoría, esto supone una considerable modificación de las condiciones externas, ya sea como un impacto directo del cosmos que se vive como algo totalmente inesperado o no solicitado, o como una serie de eventos que se desencadenan creando un movimiento tan intenso en los cuerpos energéticos que simplemente resulta imposible seguir viviendo como antes.

Puede ser una persona que llega o se marcha de tu vida, un fracaso financiero, un problema de salud, una crisis emocional o cualquier combinación de cambios vitales intensos que estimulan el alma de la persona que está preparada para volver a casa.

La Diosa trabaja de formas diferentes y profundamente misteriosas.

Ella sabe quién eres, quién fuiste y quién estás destinada a ser.

Sabe que tu vida debe recibir una descarga eléctrica para que puedas abandonar el ego y entrar en el mundo de lo Divino.

Sabe que las crisis y las sensaciones intensas de caos, o de estar en el camino equivocado, te producen miedo. También sabe que esa es la única forma de captar tu atención, de hacerte comprender que no es suficiente con aquello con lo que te has conformado y de despertar tus misterios antiguos, tus fuerzas energéticas espirituales y tus impulsos divinos para entregarte al servicio.

Lo más probable es que al responder a la llamada de la Diosa, todo lo que te ha parecido importante hasta el momento se tambalee, incluso tus ideas acerca de cómo debe ser la vida. Todas las creencias condicionadas y todos los patrones aprendidos pueden ser cuestionados.

Un círculo de personas enviadas para ayudarte llegará a tu vida a medida que se inicie este renacimiento. Ellas te conocen desde los tiempos en que sentías devoción por la Diosa. Probablemente sentirás miedo de responder a la llamada; sin embargo, también notarás que lo Divino te respalda de una forma mágica.

La Llamada de la Diosa tiene una presencia permanente y una fuerza vibrante e incansable en esta etapa.

Todos aquellos que deben despertar y recordar son alcanzados, uno tras otro.

Si estás leyendo estas palabras, es porque la Diosa quiere llegar a ti por alguna razón.

Es un aliento dulce olvidado hace mucho tiempo, una música que surge de lo más profundo del alma, el ritmo de Sus cánticos y el pulso de Su corazón.

Ella te ofrece estas esencias a través de las experiencias de tu vida. Puede ser una persona que te trae esta energía. Puede ser un libro, un taller, un deseo de otorgar más sentido a tu vida. Puede ser que el orden que había en tu vida ya haya empezado a desintegrarse, para reconstruirse luego con vigor a través de Su imagen.

Suceda lo que suceda, cualquiera que sea la forma en que se manifieste, siempre se trata de Su trabajo, Su mano, Su guía. Ella te conduce hacia lo más profundo de tu ser para que crees una vida en comunión con tu alma, en la que se concentra tu máxima energía.

Tú tienes un destino que se desarrolla y despliega cotidianamente. Presta atención a tus necesidades e impulsos internos. Ellos son la Gran Madre que te está hablando. Está pidiéndote que vuelvas a casa, lo que tu alma siempre ha deseado.

Comprender la energía de la Diosa y trabajar con ella

En los últimos años ha habido un resurgimiento del interés por lo femenino espiritual porque muchas mujeres se sienten cada vez más atraídas por la Diosa. Podemos ver esa influencia por todos lados, desde las redes sociales hasta la cultura popular. Mirar imágenes de diosas, leer sobre sus orígenes históricos, reunir información sobre estas deidades trascendentales son prácticas que pueden potenciar nuestro viaje de autodescubrimiento. Sin embargo, las diosas pueden revelarnos todavía mayor profundidad y sentido.

Mi objetivo principal es mostrarte de qué modo la Conciencia de la Diosa puede entrar en tu vida con el propósito de activar un cambio espiritual y hacerte comprender más profundamente de qué forma esta energía puede ejercer influencia sobre ti, respaldarte y sanarte. Y también para enseñarte cómo puedes alinearte con la sabiduría y la guía de la Diosa para que ilumine tus experiencias vitales, elimine los patrones largamente arraigados que pueden estar bloqueando tu poder interior y te dé la confianza necesaria para mostrar al mundo tus dones creativos e inspiradores.

Yo he llegado a considerar a la Diosa como una fuerza espiritual que me guía y me respalda, y quiero ofrecerte la oportunidad de que tú también la veas de este modo.

Todas las personas que sienten interés por el crecimiento espiritual probablemente ya están familiarizadas con los guías, como pueden ser los ángeles, los espíritus naturales, los tótems de animales, y demás. Es posible trabajar con el reino sagrado de lo femenino exactamente del mismo modo. Cada diosa es portadora de atributos únicos con los que puedes conectarte y es una Maestra Divina que puedes convocar cuando necesites apoyo o sanación en cualquier nivel, orientación sobre tu propósito divino o ayuda para tus relaciones afectivas, y mucho más.

Las diosas están aquí para aclararte cómo puedes descubrirte a ti misma a través de Su imagen. Esto significa que sus energías pueden aplicarse a la representación multidimensional de tu cuerpo y psique de mujer y a tus ciclos de crecimiento. Nos hemos consagrado tanto a la forma dominantemente masculina de interpretarnos a nosotras mismas y a nuestras etapas vitales que la mayoría necesitamos que nos recuerden que somos mujeres perfectamente alineadas con los arquetipos de la Diosa.

Nueve arquetipos de diosas

Los capítulos principales de este libro tratan de diferentes arquetipos de diosas. Cada diosa, y por lo tanto cada capítulo, *activa un elemento diferente de la conciencia femenina espiritual.*

Existen literalmente cientos de arquetipos de diosas que han sido representados en los mitos, leyendas y textos sagrados. Como este libro es fundamentalmente una guía que surge de mi conocimiento empírico, las diosas que he decidido compartir contigo son algunas de las que me han conmovido profundamente, tanto en mi viaje personal como en el trabajo que realizo con mujeres.

Las diosas son encarnaciones de la conciencia femenina universal que tienen el deseo, y el mandato sagrado, de conectar con la humanidad.

Se han dado a conocer en este momento para ofrecer nueve aspectos fundamentales para la sanación, el crecimiento, el despertar, la iniciación y el desarrollo personal. Todos ellos son factores esenciales de tu vida, de tu energía personal y de tu autoconciencia, y son la llave para el despertar de tu Divino Femenino.

Los nueve arquetipos de diosas son:

- Kali.
- Madre María.
- Kuan Yin.

- Las sacerdotisas de Avalón.
- Hécate.
- Afrodita.
- Lilith.
- María Magdalena.
- Isis.

Los templos de las diosas

Cuando comencé a canalizar la guía de las diosas, a menudo me mostraban *estructuras de luz y de alta frecuencia* que eran las fuentes más increíbles de sustento e iluminación femeninos. Me enseñaban visiones de *templos de lo Divino Femenino* que producían una profunda magia y vibración sanadora en todas las personas que se conectaban con ellas. A esos espacios sagrados comencé a llamarlos las carpas* sanadoras, en honor a las prácticas de los círculos devocionales de mujeres, y ahora los utilizo en mis propios retiros.

Cada vez que comiences un nuevo capítulo *entrarás en un templo sagrado.* Encontrarás una descripción de las cualidades de la diosa a la que está dedicado y de todo lo que tiene para ofrecerte. Ella te dirá que es una figura muy importante para tu recorrido vital real, te contará los motivos por los cuales entrará en tu vida en determinados momentos y te explicará qué es lo que puede pedirte a cambio de responder a tu llamada femenina espiritual

En el interior de cada templo encontrarás invocaciones canalizadas directamente desde la propia diosa. Estas no son casillas que tendrás que marcar con una cruz, como si se tratara de una lista de las tareas pendientes de realizar, sino una colección de enseñanzas para toda una vida. De manera que todo lo que tienes que hacer es dejar que las palabras activen las claves espirituales, o «códigos», que hay dentro de tu cuerpo energético. También hallarás

---

* N. de la T.: La autora se refiere a la carpa, jaima o tipi donde se reunían las mujeres de la tribu.

meditaciones y visualizaciones guiadas que te invitarán a abrirte paulatinamente para recibir esas energías.

Las diosas están siempre guiándote hacia el lugar adonde necesitas ir, incluso aunque seas escéptica o creas que eso ya lo has hecho antes. En última instancia, la diosa que hay en ti sabe qué es lo que Ella más necesita.

Y si en algún momento «no lo sabes», alégrate y quédate quieta. Las respuestas, y el conocimiento, llegarán cuando sea preciso. Solo tienes que recordar lo siguiente:

- **Tu guía femenina interior puede tener una apariencia diferente de lo que imaginas y provocarte sensaciones distintas de lo que tu mente espera.** Si has estado actuando básicamente condicionada por una programación masculina, al principio los métodos de comunicación femenina basados en sensaciones emotiva y físicamente sutiles pueden parecerte algo raros. Y cuando empieces a vaciarte del condicionamiento patriarcal masivo, es posible que en algunas ocasiones sientas que ya no sabes absolutamente nada.
- **El proceso de tu conexión intuitiva se está alquimizando en este espacio vacante.** Una mujer sabia es la que afirma que no sabe, pero tiene confianza en que en su interior posee el conocimiento divino que es necesario en ese momento. Cuando necesite saber más, y actuar si fuera necesario, será guiada a través de su cuerpo, sus sensaciones físicas y psíquicas, y su profundo conocimiento.
- **El camino directo hacia los grandes momentos de una verdad que puede alterar la vida a menudo suele ser un retorno a lo más simple.** Asegúrate de volver a la simplicidad total, y quizás también permítete retroceder hasta el inicio

con cierta frecuencia, de manera que tu ego recuerde que ahora es tu espíritu el que está a cargo.

- **El corazón de una mujer consciente no se preocupa por lo lejos que puede llegar en el camino de la «superación personal».** No hay progreso en este camino porque en el corazón de la Diosa no hay lugar para el juicio «menos que».

- **El proceso femenino no se basa en líneas rectas, resultados fijos y soluciones preconcebidas. Tú no eres un problema que se deba resolver.** Eres una manifestación de una fuerza creativa primordial que no puede ser dividida en compartimentos, ni racionalizada, ni contenida. El viaje que has emprendido para fusionarte con la fuerza de la Diosa *que reside dentro de ti* se desarrolla de forma circular, o en espiral, y no suele tener un final definitivo.

- **No has sido creada solamente para dar la imagen «de tenerlo todo» con el propósito de mostrar tu éxito al mundo.** Tus logros, los logros reales, son aquellos que se forjan con los fuegos de tu mundo sagrado interior. Estos logros de autosanación, autoexploración y autotransformación femenina son las joyas más preciosas que puedes poseer. Cuando vuelvas a descubrir esas joyas, podrás desarrollar una vida espiritual, ofrecer tu contribución a la humanidad de un modo vital, procurar sustento y dejar un legado.

- **Tu sanación femenina sagrada, tu despertar y tu transformación en esta vida tienen una importancia monumental.** Te has encarnado para volver a traer a la Diosa a esta tierra reseca y agostada.

- **Las diosas te envuelven ahora con una corriente de amor y gratitud por el coraje que tienes de estar aquí.** Ellas saben que no siempre resulta fácil permanecer y hacer el trabajo. También saben que tú eres la única persona que puede responder a su llamada y que estás plenamente equipada para realizar las tareas que te han asignado.

- **Respira profundamente llevando el aire hacia tu pecho y tu vientre.** Siente cómo la energía de la fuerza vital fluye a través de tus venas. Estás viva. Proclama la verdad que afirma que dondequiera que te encuentres en este momento, todo es perfecto.
- **El mundo aguarda con gran expectación que le ofrezcas tus dones particulares.** *El «mundo» es la próxima persona que llegue a tu vida.* Resiste la tentación de juzgar la forma en que la Diosa te asigna tareas, porque no siempre serán lo que desearía tu crítico y grandioso ego. Abre tu corazón para advertir de qué forma te solicita que aceptes tu misión. Es dolorosamente simple: debes rendirte y aceptar la tarea encomendada. Abre plenamente tu corazón *a este momento* y a la oportunidad que tienes de compartir la energía más profunda de tu amor femenino.

Siempre hay algo, alguien, o algún lugar que puede beneficiarse de tus inmensos dones de diosa. Si das, recibirás. Ofrece libremente la energía de tu alma sin tener miedo de posibles consecuencias dañinas. Dar es una acción completamente segura para ti: a través del puro dar te conectas con el puro recibir.

Eres una diosa. Tu destino es recuperar esa verdad y vivir de la forma que más profundamente resuene en ti, sin disculparte. Todo el panteón de la Diosa está aquí contigo, con tus antiguos contratos en sus manos y dedicado a guiarte paso a paso hasta que los hayas cumplido.

Tu alma femenina sabe exactamente qué es lo que debe hacer. Hónrala, y el resto acontecerá por sí mismo.

Cómo utilizar este libro

Como descubrirás durante la lectura del libro, un aspecto clave de esta sabiduría es el conocimiento basado en los sentimientos o centrado en el corazón, en oposición al conocimiento basado en el pensamiento o centrado en la mente. Por lo tanto, deja que tu corazón te guíe hasta la página a la que necesita ir y mantente a la espera. Tal vez te gustaría leer primero el libro completo antes de empezar a trabajar con los diferentes capítulos, según lo que te indiquen las diosas.

Después de una primera lectura, es muy probable que tengas que avanzar muy despacio cuando vuelvas a leer los textos, porque la energía y la información contenida en cada uno de ellos son muy poderosas y tienen el potencial de llegar muy lejos. Con frecuencia, menos es más. Cuando empiezas realmente a ocuparte de analizar en profundidad las transmisiones de cada una de las diosas, podrías fácilmente trabajar con un solo arquetipo durante años.

Esto no necesariamente significa que trabajarás únicamente con uno o dos capítulos, descartando los demás. Lo que quiero decir es que debemos respetar la profunda y amplia capacidad de transformación que poseen estas diosas y que están dispuestas a ofrecernos. También tenemos que entender que cuando trabajamos con la Diosa, ella nos insta a que nos ocupemos de nuestro ser interior. Y esto puede suponer años de concentración, práctica y dedicación.

No solamente no hay *nada malo* en que te tomes tu tiempo para avanzar lenta, profunda y exhaustivamente en cada paso del camino, sino que a menudo es incluso conveniente. Tú puedes detectar esos momentos en los que tu mente o tu ego sienten que ya han tenido suficiente y pretenden evitar una enseñanza o una lección particular de una de las diosas y considerar que esa actitud no es admisible.

La Diosa es un oráculo

Una parte del don femenino consciente es la capacidad de *adivinar*, lo que quiere decir tener una percepción sobrenatural de asuntos o eventos actuales o en curso. Puedes *considerar las páginas de este libro como un oráculo.* Siempre que necesites recibir un mensaje divino directo, simplemente toma el libro y ábrelo al azar, por donde las páginas lo decidan. Ofrece una plegaria para que la Diosa te guíe sobre lo que necesitas saber en esa precisa ocasión, y luego mira cuál es la página a la que te ha llevado. Quizás en ese momento, día, semana, mes o año, solo necesites leer una o dos líneas.

Muchas de las frases y afirmaciones de este libro se han concebido para que las contemples y las asimiles profundamente; por sí mismas pueden dar lugar a una nueva fase de sanación, crecimiento y transformación.

Nota: cómo utilizar las afirmaciones

A lo largo de los textos encontrarás afirmaciones creadas específicamente para la vibración de cada diosa y los temas relacionados con ella. Estas **afirmaciones sanadoras trabajan a un nivel inconsciente** y ayudan a cambiar tu energía: de la impotencia al empoderamiento, de lo fragmentado a lo completo, de lo bloqueado a lo ilimitado.

Si alguna de las afirmaciones te resuena particularmente, puedes potenciar su poder repitiéndola con una intención amorosa. Cuando quieras usarlas para producir un cambio positivo, solo tienes que escribirlas, repetirlas en voz alta, cantarlas o simplemente repetirlas mentalmente. Debes conseguir que el proceso resulte atractivo para tu espíritu femenino y cuando utilices las afirmaciones, debes incorporar la belleza, la creatividad y la sensualidad: píntalas con colores que te gusten, decóralas y colócalas cerca de un espejo, cántalas al compás de alguna música que te haga sentir bien, pronúncialas en voz alta en círculos de mujeres o cántalas suavemente para ti misma cada vez que te vengan a la mente a lo largo del día, y consérvalas en lo más profundo de tu corazón.

Una plegaria para ti

A medida que trabajes con la *energía de este libro* como una totalidad, se convertirá en una herramienta viva, sensible y dinámica. Te invito a experimentar el trabajo con las diosas como una oración oceánica en movimiento, para que llegue hasta ti como el mar se acerca a la orilla y se aleje de ti cuando tu propia orilla necesite espacio para integrar sus mensajes.

Yo elevo mis plegarias para que tengas este libro siempre a tu alcance, como un compañero divino, durante muchos ciclos de tu vida y en esos días en los cuales apenas tienes un segundo para detenerte y respirar. Albergo la esperanza de que este libro pueda animarte y estimularte cuando más lo necesites, cuando tengas un día o una semana entera sin otra cosa que hacer más que sumergirte en sus páginas o, lo que es más probable, cuando solo dispongas de algunos breves momentos para ti entre las innumerables obligaciones que consumen tu tiempo y tu energía.

En otras palabras, puedes sumergirte en el oleaje a la profundidad que desees y surfear las olas en la superficie como y cuando lo necesites. Habrá momentos en que la Diosa te llevará muy lejos en el submundo marino, pero te prometo que conseguirás volver a la playa.

Uno de los mayores deseos de mi vida se ha cumplido al saber que tienes este libro en tus manos. Como conocerás por mi propia historia intercalada a lo largo de los capítulos, he dedicado gran parte de mi vida y de mi alma a crearlo. Es una culminación de mi experiencia, de mi viaje personal, de mi sanación y de mi práctica y, no menos importante, de mi escritura diaria.

Cualquiera que sea la función que este libro cumpla en tu vida, me siento honrada y agradecida de que hayas sido guiada hasta él.

Su lectura te devolverá a los templos del amor, los templos de la luz y los templos de la rica oscuridad.

A tu manera, que es perfecta, estás retornando a la Diosa.

Tú eres la Diosa.

Tu palma se gira hacia arriba mientras sientes que Ella ha llegado para tomarte de la mano y llevarte hacia su misterio perdido hace mucho tiempo, hacia las cámaras sagradas de tu propio corazón.

Mis oraciones acompañan tu viaje.

Que la luz de la Diosa sea tuya.

Siempre.

La Diosa te da la bienvenida

Querida y preciosa alma, te doy una cálida bienvenida al reino de lo Sagrado Femenino. Me siento honrada de guardar un espacio para ti mientras entras en los templos sanadores y transformadores de la Diosa que te ayudarán a despertar. Me emociona enormemente comprobar que ya has dado el paso más importante de todos los procesos que incentivan lo creativo y el crecimiento personal: *hacer acto de presencia.*

Presentarse puede parecer algo sencillo; sin embargo, lo más frecuente es que no lo sea. Siempre les digo a mis clientes y a las personas que asisten a mis talleres que más de la mitad del trabajo ya está hecho en cuanto se aprestan a trabajar. *Presentarse constituye una superación inicial de la resistencia que todos tenemos a descubrir nuestra luz y nuestro poder.*

Y eso no quiere decir que lo único que tienes que hacer es presentarte, recibir y trabajar. Como es evidente, hay mucho más esperándote. No obstante, por el mero hecho de asomarte a esta primera parte y disponerte a conocer cómo comenzó mi relación con la Diosa, ya muestras tu deseo de descubrir tus tesoros interiores.

De qué manera la Diosa cambió mi vida

Los veinte años que llevo haciendo un intenso trabajo interior han estado predominantemente guiados por la Diosa. En su momento, tuve que mover montañas de energía reprimida: la muerte de mi madre cuando era una niña, el abandono de mis estudios universitarios, la pérdida del rumbo de mi vida y su recuperación al ser madre, haber provocado la ruptura de mi matrimonio y en ocasiones sentirme completamente agobiada por la responsabilidad de criar sola a mis hijas. Con el tiempo me he dado cuenta de que en medio de todo eso, acunarme en los brazos incondicionales de la Diosa fue sencillamente la manifestación de la madre del amor universal.

Pasé los primeros veinticinco años de mi vida negando cualquier concepto de lo Divino y, al mismo tiempo, comportándome de una manera impecable para ocultar las grietas de mi armadura; apelando a la inteligencia adopté técnicas destinadas a mantener mi torbellino de emociones reprimido y fuera de la vista, algo que percibí mucho más adelante, durante los años en los que hice psicoterapia. Durante todo ese tiempo, estaba totalmente abocada a mantener mis sentimientos bajo control y a ofrecer una apariencia exterior de mujer fuerte, competente y perfecta. Como muchas de nosotras, había recibido el mensaje de que para conseguir el éxito y la satisfacción, para darle sentido a la vida y contribuir dignamente con la sociedad, había que utilizar un modelo de energía predominantemente masculina.

Y conseguí conciliar muy bien todo eso, primero dando la imagen de una «buena chica», y más tarde la de una «mujer joven y competente». No obstante, cuando tenía veinte años los primeros brotes de una fuerza vital sanadora divina comenzaron a perforar la endurecida coraza de mi esencia femenina herida. Esta nueva energía que me hizo despertar desafió mi empeño en que los demás me consideraran «perfecta», y a esa edad abandoné la universidad casi tan pronto como había llegado.

La Diosa estaba empezando a obrar su magia, aunque yo no era consciente de lo que estaba sucediendo. Lo único que pensaba en aquella época era que había saboteado mi educación y que mi vida, a partir de ese momento, sería inútil. Fue la primera vez que experimenté la forma en que la Diosa trabaja anónimamente para llamarnos la atención cuando estamos desviándonos del camino, para decirlo en términos espirituales. Como explicaré más detenidamente un poco más adelante en este mismo capítulo, y también a lo largo del libro, los momentos de mayor transición y los cambios más significativos de mi destino siempre se han producido cuando las cosas parecían estar cayéndose a pedazos u oponiéndose irremediablemente al *statu quo*.

Cada vez que la vida parecía desintegrarse, lo que en realidad ocurría era que se estaba iniciando un periodo de gran transformación del alma. Cada fase durante la cual pretendía mantener un férreo control masculino sobre las cosas, y me resistía a relajarme para dejar que mis sentimientos pudieran emerger a la superficie, siempre coincidía con un momento en el que la Diosa me tendía su mano mientras me susurraba al oído sus planes alternativos para mi vida.

Atravesé muchas crisis, muchos cambios, y durante muchos años sufrí depresión, ansiedad e incluso trastorno de estrés postraumático. Y lo más patético es que precisamente por el hecho de vivir bajo el peso constante de la sensación innombrable e inasible de que yo estaba en la vida por algo, *algo que debía hacer y que no estaba haciendo*, comencé gradualmente a experimentar **un profundo despertar espiritual**.

Estos cambios interiores, y una nueva iniciación para establecer una conexión sagrada con lo Divino Femenino, se produjeron a lo largo de un periodo de tiempo muy prolongado. Había experimentado etapas de evolución muy rápidas en las cuales todo parecía cambiar súbita e intensamente. Había hecho descubrimientos y obtenido logros, como sin duda también te sucederá a ti. Sin embargo, es importante comprender que fundirse con el espíritu de lo Divino Femenino es un acto de devoción que dura toda la vida. No se pueden hacer arreglos rápidos cuando se trabaja con esta energía, y no porque no sea lo suficientemente potente como para crear cambios positivos instantáneos, sino porque las enseñanzas de la Diosa están diseñadas para ayudarte a tener paciencia, a confiar en el ritmo natural de las cosas y a respetar las capas, los ciclos y las espirales del proceso femenino.

Las enseñanzas extraordinarias de la Diosa

Existe una paradoja en el corazón de las enseñanzas de lo Divino Femenino, que es a la vez de una simplicidad y una complejidad sagradas. Para mí se trata de lo siguiente:

Confía en tu energía femenina.

Eso es todo. Y esta simple frase puede ser una afirmación inspiradora para llevar en tu corazón. Sin embargo, en esta afirmación hay una invitación a ser conducida a través de las capas del miedo y de los traumas para desenterrar el conocimiento, la luz y el poder que se ocultan en lo más profundo de tu ser.

A medida que te abras camino a través de este libro, descubrirás que trabajar con lo Divino Femenino es algo reconfortantemente simple y magistral, y al mismo tiempo de una compleja profundidad. La iluminación de la Conciencia Femenina puede llegar como un rayo de revelación, pero tal vez necesites diez o quince años de práctica consciente para integrarla plenamente.

Sin embargo, al comenzar a trabajar con lo Sagrado Femenino es muy probable que sientas un enorme alivio relativamente rápido mientras te liberas de las cargas que te han agobiado durante lo que te parecerán varias vidas. Y, como veremos más adelante, es absolutamente cierto que has reprimido y censurado tu verdadera naturaleza durante *muchas vidas.*

Lo que quizás estés buscando es tener permiso *para sentir*, para saber *sin saber cómo lo sabes*, para *quitarte la mordaza de la boca y hablar, para trazar tu propio camino con una danza de movimientos en espiral.* Anhelas recordar que lo desconocido es seguro. Deseas evocar las enseñanzas divinas antiguas que te conectan con el misterio. Tienes sed de todo aquello que puede liberarte de tus ataduras para poder respirar el verdadero espíritu de una mujer profunda el tiempo suficiente como para creer que ella todavía existe.

Sí, ella realmente existe. Ella eres tú. Lo más profundo de tu ser, el néctar de tu verdad sagrada femenina que permanece intocable e imperturbable. La encontrarás. Y ella saldrá a la superficie, suave y alquimizada para liberarte.

Recuerda que tu alma femenina es eternamente sabia y lo está haciendo perfectamente. Todo está sucediendo tal como debe suceder. Y tú estás en el lugar exacto donde debes estar.

Este es el retorno de Ella

Su verdadero aroma perdido hace mucho tiempo es cada vez más penetrante.

Cada día, cada noche, se intensifica incesantemente.

Ella está volviendo a este planeta con una fuerza tan desconocida para quienes únicamente desean conocerla de un modo racional que en esta época muchas personas se encuentran sumidas en la confusión y el miedo.

Sus energías nunca tendrán lógica. Ella es portadora de poderes que desafían toda lógica.

Ha regresado para reclamar lo que es suyo. Ha regresado para desgarrar las falsedades vertidas sobre su propia persona y la negación de lo que Ella es. Ha regresado para curar a esta Tierra devastada y a todos los corazones destrozados. Ha regresado para hacer resurgir los templos, restituir a las sacerdotisas, reformar los círculos.

Hay muchas personas aquí que reconocen Su aroma. Sus células recuerdan de inmediato la verdad sagrada de su magia profunda y cautivadora.

Esas personas se sienten irrevocablemente atraídas por Ella, y la quieren con una pasión arrolladora y un anhelo casi arrebatador. Los hombres y las mujeres que han añorado lo verdaderamente femenino corren hacia Ella cuando se manifiesta en su presencia. Y se bañan en Ella, se sumergen en lo más profundo de su fuente sagrada, pierden por completo la noción del tiempo y del espacio, se sienten profundamente deslumbrados por su trascendente luz.

Pero también se sienten atraídos por su naturaleza oscura. Anhelan inconscientemente el descenso hacia lo salvaje, hacia la potente magia y el misterio, hacia sus aguas profundas. Desde el momento en que se sienten atraídos por su templo, esos hombres y mujeres nunca desean abandonarlo. Se sienten en casa; han sido devueltos a sí mismos; han sido liberados del coma en el que yacían casi muertos y que ellos solían llamar vida.

La naturaleza oscura es una parte integral de la Conciencia de la Diosa. No es un elemento fácil y cómodo con el que se pueda bailar. Por el contrario, es un aspecto de la esencia femenina que ha sido negado durante miles de años.

La Diosa oscura contiene las claves sagradas para acceder al tipo de poder femenino que aterroriza a los seres humanos no evolucionados.

Las religiones organizadas imponen códigos de conducta estrictos en relación con este elemento de lo femenino, creando modalidades como pueden ser la «Madonna»* y la «prostituta», la «chica buena» y la «chica mala». Las mujeres reciben el mensaje de que pueden ser una u otra, pero nunca ambas. Una es aceptable y la otra no lo es. Como la naturaleza total del espíritu femenino es tan vasta, tan desconocida, tan incontrolable, tan transformadora, la élite gobernante de este planeta ha considerado necesario encontrar formas de controlarla de una manera implacable.

La naturaleza de la verdadera femineidad es indefinible. Ella es luz total y oscuridad total. Es la mayor expansión de la pureza, la compasión,

---

* N. de la T.: En italiano en el original.

*el amor incondicional y la aceptación que puedas experimentar jamás.
Y al mismo tiempo, es el mayor salto hacia lo más profundo de la alquimia, el misterio, la transformación sexual, la magia de la noche, las
fuerzas creadoras y los poderes subterráneos de la verdad.*

*Ella lo ve todo, más allá de lo inteligentemente que creas que lo estás
encubriendo. Ella lo revela todo, más allá de lo bien que creas que estás controlando tus secretos ocultos. Su propósito es la sanación total.*

*Si te acercas a Ella, la quieres, la invitas a entrar, es espiritualmente
obligatorio que albergues el deseo de entrar en el fuego sagrado de la
transformación.*

*En otras palabras, si quieres Su luz, prepárate para Su oscuridad. De-
bes saber que eso nunca será predecible, controlable ni cómodo. Ella
sabe en qué dirección necesitas crecer para cumplir con tu destino sagrado. Sabe qué es lo que es necesario sanar, y sabe que Sus fuerzas pueden
curarte al instante. Sabe cuándo y dónde has estado ocultando tu propia luz y viviendo a través de la negación y la disfunción. Ella jamás se
someterá a los juegos del ego.*

*Te has conectado con Ella porque tu alma está preparada para cambiar.
Ya no intentarás alejarla nunca más, porque ella no se va a marchar
a ningún sitio.*

*Ya no volverás a vivir en la negación, porque Ella está aquí para ex-
tender tus límites, para que te disuelvas en tu espíritu, para elevarte de
entre los muertos, para que tus chakras comatosos inicien un sorprendente despertar.*

*El proceso sencillamente se está desplegando, tal como estaba destinado
a hacerlo. Ella está aquí. Ella ha regresado. Y ya no hay vuelta atrás.
Tú has cambiado para siempre.*

La sanación de la Diosa

Cada diosa tiene una medicina espiritual y unos poderes sanadores específicos. Si tu alma se ha visto afectada por la supresión de la luz de lo Divino Femenino, es probable que necesites

mucha energía sanadora para restaurarte y nutrirte. Dependiendo de cómo sean tus propias heridas femeninas, o del grado de tu desequilibrio energético, es posible que te sientas más atraída por algunas diosas que por otras, y que necesites seguir sus enseñanzas durante un periodo más prolongado.

Cada diosa tiene una vibración energética única. A medida que te acerques a ella, envolverá tu aura con sus mantos sanadores. Comenzará a ofrecer códigos femeninos sagrados (símbolos intuitivos invisibles y patrones divinos de luz) que trabajan con tus chakras primarios, los principales siete centros energéticos espirituales, y con todo tu campo energético.

Puedes sintonizar directamente con esta sanación energética trabajando con las prácticas indicadas en cada capítulo. Esta sanación también actúa de forma continua entre bastidores, mientras tú abres tu mente y tu corazón a los temas que corresponden a cada templo.

Este trabajo energético es completamente seguro, y solo profundizarás en él hasta el nivel que consideres oportuno. Te sanarás únicamente cuando estés preparada para hacerlo; es natural que el miedo y la resistencia emerjan a la superficie mientras se produce la verdadera sanación. Tómate tu tiempo para sanarte con la Diosa. Aquí no se trata de una carrera ni de una competición, de manera que puedes avanzar tranquilamente a tu propio ritmo.

Verte en la Diosa

A través de los textos y el simbolismo de cada arquetipo, la Diosa te mostrará por qué su energía y su sabiduría son tan importantes para tu autosanación y tu crecimiento personal. También te revelará de qué manera esto podría estar conectado con tu propósito superior y cómo se vincula con la evolución espiritual global.

Cada diosa te ofrecerá un santuario que tal vez estás buscando desde hace mucho tiempo.

Me gusta pensar que adentrarse en los capítulos es un tiempo invertido en un encuentro íntimo y memorable con cada diosa, durante el cual puedes llegar a conocerla y a saber lo que representa. Te revelaré de qué manera aporta energía a tu vida y tu conciencia, y cómo puedes utilizarla como un pilar de amor divino.

Tal como sucede con los buenos momentos que pasas con una amiga querida, una hermana o un mentor, en el encuentro con la Diosa puede haber risas y lágrimas, pasión e intercambio, vitalidad y una escucha amable. Una verdadera amiga o un mentor espiritual no te dejarán que te conformes con menos de eso, no se harán cómplices de tus patrones de autosabotaje o autolimitación y podrán ver a través de todas tus máscaras. Ella está aquí para animarte, no siempre diciendo lo que te resulta más cómodo escuchar. Sabe que eres maravillosa más allá de las palabras, y sostendrá ese conocimiento para ti, muy especialmente cuando estés huyendo de la verdad.

Así es como se manifiestan para ti las embajadoras de lo Sagrado Femenino. Y lo hacen con gracia y precisión.

Es posible que tus emociones «negativas» se disparen cuando te sientes junto a la Diosa. En su Divina presencia quizás sientas la tentación de escapar o de seguir reprimiéndolas. Tal vez prefieras adormecerte, tomar distancia, distraerte o dramatizar.

Tal vez tengas la sensación de que no mereces su amor. Puedes sentir que no eres digna de la sanación, del crecimiento personal, de los cambios positivos, de ser vista ni escuchada, ni de afirmar tu poder descomunal. Algunas veces esos pensamientos y sentimientos pueden manifestarse a través de una tendencia a oponer resistencia y cerrarse.

No pasa nada si te «cierras» y saboteas tu progreso. Tienes que contar con que eso habrá de suceder en algún punto del camino.

Estás en el proceso de abrirte para recibir un vasto poder espiritual, y ese poder eres tú.

Cada vez que tengas una caída, Ella te estará esperando. Cuando huyas, Ella seguirá estando allí. Cuando repartas golpes a diestra y siniestra, Ella te mostrará serenamente dónde se oculta el miedo. Cuando creas que no eres capaz de seguir adelante, Ella te recordará que sí puedes.

Independientemente de todo lo que tardes en aceptar tu glorioso y dotado ser, Ella te estará esperando.

Te estará esperando para que vuelvas a casa.

Trabajar con las diosas es un trabajo interior

Cuando las cosas en el mundo exterior parecen no estar funcionando como deberían, a menudo tendemos a mirar *en nuestro interior*. He llegado a comprender que en las épocas en que pensamos que nuestra vida es una completa equivocación la Diosa se dirige a nosotras elevando la voz. Cuando eso ocurre, tenemos una opción: podemos permanecer estancadas y cerradas, y culpar a todo y a todos, o podemos comenzar a mirar dentro de nosotras mismas para descubrir la cantidad de sentimientos que hemos acumulado, la cantidad de patrones y creencias negativos y limitantes que tenemos, y cuánto nos aterroriza la posibilidad de asumir nuestro poder.

Trabajar con la Diosa es un trabajo de sanación interior; y vista desde fuera la sanación no siempre parece ordenada y glamurosa. No se trata de subir por una escalera de éxitos, ni de ir a la vanguardia de las demás mujeres, pues con esa actitud solo conseguimos separarnos. Igual que sucede al dar a luz, realizar el trabajo interior con la Diosa alumbra una nueva vida milagrosa que consiste en abandonarse, abrirse, entregarse, permitirse estar confundida y desenmarañar y revelar nuestra humanidad más poderosa, visceral y vulnerable.

La educación de la Diosa se centra en *conectar a las mujeres*, y no en distanciarlas. Hemos superado los ideales masculinos perfeccionistas relacionados con la imagen, el cuerpo y el comportamiento femeninos. Unos ideales que pretenden continuamente enfrentar a las mujeres, someterlas a un estado constante de enjuiciamiento y odio, y fomentar en ellas la convicción de que no son lo suficientemente buenas; ese es el «sueño húmedo»* patriarcal. Y tú puedes limitarte a dejarlo estar mientras ellos siguen utilizando toda su energía en despreciarse a sí mismos y en tratar de llamar la atención de otras mujeres. Pero también podrías impedir con firmeza que se produzca una sublevación basada en un amor propio femenino desmesurado que lo único que logrará es desconcertar e inquietar profundamente al *statu quo*.

Cuando afirmas «yo soy una diosa», interiormente te sumas a las legiones de predecesoras que han luchado con valentía por los derechos de las mujeres. De ese modo podrás establecer vínculos con un grupo de revolucionarias actuales que aspiran a conseguir el progreso a nivel social, cultural y espiritual.

Un paso fundamental para la emancipación y el empoderamiento femenino es derrumbar los muros que pretenden separar y amenazar a las mujeres. A través de esta gloriosa conexión, puede nacer una visión sagrada: las mujeres unidas por la confianza y el amor como si fueran una sola, una fuerza de solidaridad global.

Contar nuestras historias y derribar los muros

Estamos muy lejos de ser peligrosas para otras mujeres; por el contrario, somos nuestra mutua salvación. Para empezar a derribar los muros que hay entre nosotras y permitir que el fluir del espíritu abra y conecte nuestros corazones, primero debemos conocer nuestras historias. Al compartir nuestras historias desde el corazón

---

* N. de la T.: La expresión alude a una eyaculación involuntaria de semen que tiene lugar durante el sueño.

con sinceridad y coraje, las mujeres establecemos puentes para disolver instantáneamente la brecha que puede haber entre «otra mujer que puede ser mejor o peor que yo» y «la hermana espiritual que es Una conmigo».

Al escuchar sin juzgar, al permitir que otra mujer se exprese sin censurarla, creamos un entorno seguro para la sanación y activamos una antigua chispa de compasión y reconocimiento en la psique femenina colectiva.

En otras palabras, cuando yo cuento mi historia y tú me escuchas, unificamos nuestro corazón femenino y la energía sanadora puede empezar a fluir. Suspiramos de alivio al unísono porque reconocemos nuestra conexión: «Oh, ella también ha pasado por eso. No estoy sola. Quizás no soy una fracasada. Me veo a mí misma en ella. Estamos juntas en esto. Mis experiencias como mujer están a salvo».

He pasado años creando espacios rituales que invitan a las mujeres a contar sus historias, y he visto que este proceso tiene el poder de transformar y sanar la esencia femenina herida. No solamente fortalece el alma femenina a través de los sentimientos de aceptación incondicional y escucha compasiva; también une a las mujeres estimulándolas a dar un paso adelante para ayudarse entre sí.

En lugar de perjudicarnos mutuamente mediante duras comparaciones y juicios, las mujeres nos abrimos a nuestra naturaleza «superior» y nos convertimos en tótems de amor mutuos, con el deseo de elevarnos. Al escuchar el sufrimiento de las demás sin confabularnos con la idea de «víctima», las mujeres tenemos una capacidad de afirmarnos, colaborar, estimularnos y sanarnos mutuamente que es simplemente brillante.

Contar mi historia

Mientras me dispongo a compartir mis historias contigo, imagino que estamos sentadas en un hermoso círculo, rodeadas de velas encendidas y flores, y envueltas en humo de incienso. Acaso tú nos veas sentadas alrededor de un fuego centelleante, o incluso caminando juntas por un bosque. Cualquiera que sea tu visualización, te agradezco enormemente que me abras tu corazón. Estoy muy agradecida por tu presencia y por tu disposición a escucharme; y no solo escuchar las partes más agradables y sencillas, sino también las más oscuras, los temas tabú, las partes devastadas y las dolorosamente tiernas y sensibles.

También sé que mientras me escuchas sostienes una antorcha para poder ver el vuelo más sublime de nuestra alma, en el que nos elevamos mutuamente como una diosa fénix que renace de sus cenizas. Y por el hecho de escucharme, guardarás en tu corazón el modelo de nuestro renacimiento más glorioso como pioneras de la resurrección de la Diosa en la Tierra.

Juntas, apreciamos la siguiente afirmación:

Como he encontrado a la Diosa dentro de mí, y vivo con Ella, para Ella y a través de Ella, seré un ejemplo de que esta sanación es posible para todas las mujeres del planeta.

Esto es lo que voy a hacer por ti a través de este libro. Esto es lo que tú haces cuando creas un espacio íntimo para todos los secretos femeninos, para todas las mujeres para las que eres un ejemplo viviente de coraje.

Mis secretos son ahora tus secretos. Nuestros secretos se combinan en el caldero sagrado burbujeante de las brujas. A medida que rompamos juntas nuestro silencio, podremos verter lágrimas de alegría por la tremenda luz que brillará cuando nos hayamos aligerado juntas de todas nuestras cargas.

Te amo por estar aquí, y por escucharme con el corazón abierto de una diosa.

El momento

Cuando tenía cuatro años, estaba sentada en el desgastado sofá blanco del salón y vi a mi padre con el corazón destrozado. Fue la única vez que lo vi llorar desconsolada e incontrolablemente. Mirando atrás, creo que *en ese preciso momento descubrí que el coraje definiría mi vida.*

Un policía había llamado a la puerta para informar a mi padre de que mi madre había muerto. Hasta el día de hoy, los detalles de lo que sucedió son confusos. Y esto se debe a que cuando muere tu madre, tu vida se convierte en un entramado de tabúes, secretos y pesadumbre. Ya nadie vuelve a nombrarla, ni dice absolutamente nada sobre su espíritu. Se ha marchado; se ha disuelto; ha desaparecido de forma instantánea. La madre que me dio la vida, que me trajo al mundo a través de su cuerpo, que me sostuvo en los primeros momentos de mi existencia, desapareció súbitamente. De la noche a la mañana se convirtió en un misterio total.

Lo que sí sé es que durante los años que estuvo físicamente conmigo mi madre estaba desequilibrada. Entraba y salía de un hospital psiquiátrico, sufriendo lo que me imagino fue una depresión posparto combinada con una agobiante presión motivada por el hecho de tener tres hijos con solo veinticuatro años. Era una mujer extremadamente inteligente y con talento, que ya en los primeros años de la adolescencia había sentido la necesidad de rebelarse contra su educación conservadora y estricta. Su espíritu no se ajustaba al molde en el que había sido criada.

En aquel momento, sentada frente a mi amado padre, que apenas tenía veintiocho años, presenciando sus lágrimas desconsoladas debido al impacto de haber perdido a su hermosa mujer, sentí caer sobre mí un rayo del eón Hadeico.* Entonces supe que

---

* N. de la T.: El eón Hádico, Hadeico o Hadeano, es una división informal de la escala temporal geológica, la primera división del Precámbrico. Comienza en el momento en que se formó la Tierra y termina hace cuatro mil millones de años. Durante este eón se produjo el «bombardeo intenso tardío» que afectó a los planetas interiores del Sistema Solar. Mercurio, Venus, la Tierra y Marte sufrieron una gran cantidad de impactos. A esos impactos hace referencia la autora.

la vida que se abría ante mí iba a exigirme un compromiso colosal. La reverberación psíquica de aquel momento nunca ha abandonado mi conciencia.

Los momentos siguientes

No puedo recordar nada de lo que sucedió después de ese instante. Mi siguiente recuerdo es que estaba sentada junto a una ventana por la que entraba el sol, acariciando a nuestro gato, *Puss*.

Eso sí que lo recuerdo con toda claridad. Es un momento envuelto en una carga energética particular, como una viñeta surrealista en suspensión. La vida parecía no haber cambiado, pero no era cierto. La vida había dejado de ser una existencia ligera y cálida donde todo estaba conectado, para pasar a ser vacía, aterradora, insensibilizada y negra. Ese cambio incomprensible había sucedido sin previo aviso ni explicación. Y sin ninguna información acerca de cómo podrían llegar a mejorar las circunstancias.

Todo lo que recuerdo acerca de aquella escena es una sensación de absoluta extrañeza. Yo no entendía qué era lo que estaba sucediendo. Sabía que había ocurrido algo muy serio, pero no podía comprenderlo. Lo que ahora sé es que la energía del impacto recibido había cubierto todo lo que había a nuestro alrededor: esa devastación tan absoluta nos había dejado mudos.

Los corazones que mi madre había dejado atrás estaban paralizados. Estaban como muertos, aunque fingían seguir latiendo para que pudiéramos comer, dormir, existir.

Ni siquiera recuerdo haber llorado junto a mi padre o mis hermanos después de haber sufrido semejante pérdida. Nunca vi a mis hermanos, de siete y diez años, verter una sola lágrima.

Todo lo que hacía en aquella época era tumbarme en el sofá, que una vez había sido blanco, con nuestro gato, algunas veces llorando en solitario y otras no. Mi madre murió durante el verano indio.* Yo solía estirar el cuerpo y meter mis pequeñas manos por debajo de los almohadones del sofá para sentir la tela fría sobre la piel; eso me procuraba un gran alivio. Quizás mis manos buscaban el frescor para contrarrestar las intensas emociones que ardían en mi interior y se amontonaban en los conductos de mi cuerpo inocente.

Ira: sepultada en lo más profundo de mi ser, y que tardaría por lo menos veinticinco años en comenzar a afrontar.

Tristeza: agobiante, infinita, sin palabras, una martirizante pesadilla oscura. Sofocada, enredada, retorciéndose entre mis órganos como lágrimas de cocodrilo; ocultándose hábilmente tras una fachada de mecanismos destinados a sobrellevar la situación y, con el paso del tiempo, calcificándose en mis células.

Conmoción: el equivalente energético del chasquido del *flash* de una cámara fotográfica robando una imagen en vivo y congelándola en un bloque de hielo. Anestesiada, disociada y cercenada.

Culpa: todavía no totalmente desarrollada ni extendida hasta formar la sustancia viscosa y fétida con la que tuve que luchar muchos años más tarde. En aquella época era sencillamente un mero susurro de la toxicidad que llegaría a contaminar mi sano sentido del Ser: «Tú tienes la culpa de lo que ha sucedido. Tú le has hecho eso. Es tu culpa que ella ya no esté aquí».

Abandono: el cordón umbilical emocional y psíquico de mi apego más primario a la vida se había cortado. Yo había desaparecido de mí misma. Ya nunca sería nutrida y sostenida por la existencia humana de mi madre. No sabía dónde me encontraba.

Miedo: alojado en lo más hondo de mí y asentado en mis células como un ejército de soldados, listo para saltar y aniquilar cualquier signo de confianza, relajación, entrega, paz y calma, sin un nanosegundo de duda.

---

* N. de la T.: Lo que en Estados Unidos se conoce como verano indio corresponde a lo que en España se llama San Miguel, y en el hemisferio sur veranillo de San Juan.

Durante mi infancia y también a lo largo de gran parte de mi vida adulta este potente cóctel de emociones se comprimió sólidamente en lo más profundo de mi ser. Yo contenía estratos de sentimientos no reconocidos, que gradualmente se fueron fusionando y endureciendo cada vez más hasta formar una especie de roca impenetrable.

A medida que pasaron los años esa pequeña niña de cuatro años que había perdido a su madre de una manera súbita e inexplicable ya no era reconocible. Yo era una niña feliz, capaz y consciente, equilibrada y con buenas habilidades sociales. Era una perfeccionista, con el Sol en Virgo y aspectos en Marte y Mercurio, cuya principal razón para vivir eran sus obligaciones y su trabajo de servicio.

Mi padre

Si mi padre no hubiera sido la persona que fue, y sigue siendo, yo no habría sobrevivido a las semanas posteriores a la muerte de mi madre, y mucho menos a mi infancia y adolescencia. Francamente, no sé dónde *estaba* mi padre en los días, meses y años que siguieron a la muerte de mi madre ni sé cómo consiguió seguir adelante con la responsabilidad de criarme solo. No sé dónde estaba mental, emocional ni espiritualmente, porque nunca volvió a mostrarme ninguna fisura en su fortaleza interna ni en la devoción con la que me educó. No puedo recordar ni un solo momento en que no se conectara conmigo desde lo más profundo de su alma y su corazón. Jamás hubo ningún momento en que no sintiera su presencia llena de amor, tanto física como energéticamente.

Después de que mi madre muriera, mi padre siguió trabajando a jornada completa en la Universidad de Cambridge. No terminaba de trabajar hasta pasadas las seis de la tarde, de manera que yo tenía que quedarme en algún sitio después de la salida del colegio. Siempre me ha conmovido que muchas mujeres de nuestra comunidad se turnaran para ayudarnos en esos primeros años después de la muerte de mi madre. Siempre conté con una familia cálida, protectora y afectuosa que me recibía en su casa cuando salía del colegio durante años y años, hasta que fui lo suficientemente mayor como para quedarme sola en casa por las tardes. Eso me daba mucha seguridad.

Esa rutina a la salida del colegio fue esencial para mi bienestar emocional. Como he experimentado a lo largo de toda mi vida por ser una niña sin madre, en cada día de nuestra vida, y también en determinadas etapas de transición en el desarrollo, siempre hay momentos importantes en los que la vibración de nuestra «madre» nos sostiene de la forma más plena y sensible. Como es evidente, nuestra madre nos sostiene *todo el tiempo*, incluso cuando ni siquiera lo percibimos conscientemente. Sin embargo, esas horas entre las tres y las seis de la tarde fueron extremadamente importantes para mí en aquella época.

Los lunes y los viernes iba a la casa de Gill. Ella fue una figura de enorme importancia en mi niñez; era una presencia femenina incondicional, una fuente de amor maternal. El hecho de que Gill y su familia aparecieran tan rápidamente en mi vida después de la pérdida de mi madre fue un prodigio de sincronicidad y reafirmación divinas. Cuando perdí a mi madre, también perdí a mis dos hermanastros mayores, pues su padre biológico decidió apuntarlos en un internado que estaba muy lejos de donde vivíamos mi padre y yo. Yo pasaba mucho tiempo en la cálida atmósfera del hogar de Gill, que era como el espejo de la familia que había perdido, así que sus dos hijos eran como hermanos para mí.

Los alimentos que me ofrecían en cada uno de esos hogares familiares también fueron muy importantes. Las madres equiparan la nutrición con el cuidado, y el alimento es esencial en esta ecuación. Gill era (y aún es) una cocinera extraordinaria y me encantaba la comida que preparaba. Lo pasaba muy bien con sus hijos y me sentía muy a gusto en su casa. Los lunes y los viernes, para mi tierno entender, eran días muy buenos.

El martes también era un buen día porque iba a la casa de mi abuela, a la que adoraba. Me preparaba comida muy sencilla pero muy nutritiva, comida de la tierra. Yo solía ayudarla a preparar las hortalizas de su propio huerto y a mezclar grandes trozos de mantequilla cremosa y azúcar en un cuenco para luego ponerlos al horno. Mis abuelos paternos me llenaban de amor y cuidados, y eran un gran apoyo para mi padre.

Los miércoles eran días bastante buenos. Acudía a una elegante casa de nuestro vecindario (el padre era arquitecto y la había diseñado él mismo) y me dedicaba a observar a Jenny, una madre muy cariñosa (otra vez de dos chicos) que solía preparar pastel de carne y practicaba asanas de yoga vestida con sus mallas mientras sus hijos miraban dibujos animados y se pegaban mutuamente.

Durante los primeros años, los jueves no fueron días agradables. Tenía que ir a la casa de un compañero de clase llamado Luke. Su madre me caía bien, pero tenía cinco hijos y estaba muy estresada. Nunca podré olvidar la enorme y caótica mesa de su comedor en la que nos servía un plato de espaguetis integrales de textura gomosa (la comida integral de moda en la década de los setenta) acompañados de una salsa con judías blancas (no pude volver a probar las judías blancas hasta hace muy pocos años).

No me hacía mucha ilusión que llegara el jueves. No me sentía apoyada emocionalmente, y por ser una niña que acababa de perder su ancla a la seguridad emocional, era muy sensible a los ambientes inestables. Más adelante, cuando tenía alrededor de diez años, me las arreglé para que mi padre cambiara la rutina de los jueves, y empecé a ir a la casa de una buena amiga mía. Su madre se llamaba Anne; eran danesas. Me encantaba estar con ellas, y todavía me sigue gustando la comida escandinava gracias a los buenos momentos que pasé junto a esa familia. Anne era infinitamente cariñosa conmigo y me cuidaba muy bien.

Estoy escribiendo estas memorias a través de los ojos de una niña que había perdido a su madre. Una niña pequeña que buscaba protección y por eso absorbía la energía de las madres que la cuidaban varias horas por semana. La generosidad y el amor de estas mujeres, no solo por mí sino también por mi padre, fueron solo algunas de las formas en las que la Gran Madre me ofreció su protección.

Yo tuve, tal como la doctora Estes lo describió en su libro *Mujeres que corren con los lobos*, «a todas las madres»[*] que me ofrecieron sus dones maternales resplandecientes como una gran constelación de estrellas. Siempre he estado profundamente agradecida por ese manto de protección y cuidados. Ellas me sostuvieron a muchos niveles. El hecho de no tener madre y de sentirme cuidada y atendida de ese modo diariamente, me permitió observar con gran curiosidad a muchas mujeres mientras desempeñaban sus cuidados maternales y sus funciones femeninas, y lo asimilé todo. Nunca di nada por sentado, y mientras presenciaba y recibía el amor de muchas madres que se entretejía formando una urdimbre, me dejé envolver por el tejido que creaban. Sin embargo, el tejido de las madres de otras personas también puso de relieve de una manera muy dolorosa la profunda nostalgia que sentía de mi propia madre.

Una pérdida tan grande produce el impulso primordial de llenar el vacío que ha dejado. Y el vacío que se formó en mi interior debido a la muerte de mi madre se tornó casi irreal, pues casi nunca hablábamos de ella. Me dedicaba a vagar por el espacio vacío, creando fantasías mitológicas, y quizás glorificándola y venerándola exageradamente, como una forma de inmortalizar su ausencia irremediable.

El amor de mi padre

No me habían dado ninguna herramienta que me ayudara a procesar la pérdida y el cambio. En los años setenta y ochenta la terapia estaba al alcance de todos, pero no se consideraba una parte

---

[*] N. de la T.: En castellano en el original.

integral de la curación. Al no tener un espacio propio para analizar mis sentimientos (o incluso para darme cuenta de lo que sentía), simplemente seguí creciendo, sana y feliz. Sin duda alguna, la capacidad de mi padre para criarme «con un ojo que todo lo ve», y a caballo entre las características masculinas y femeninas de la educación parental, fue esencial para mi salud psicológica. Él fue la demostración más extraordinaria de un «superpadre». Durante los años de mi desarrollo debió de haber pasado muchísimas noches oscuras del alma y, sin embargo, ninguna de ellas tuvo un impacto directo en el enorme cariño que sentía por mí ni en su protección.

Mi padre hizo absolutamente todo lo que pudo por mí, teniendo en cuenta el panorama de trauma y devastación en que él mismo se encontraba. Siguió adelante, nunca me abandonó, me apoyó de todas las formas posibles y me amó de una manera incondicional. No me habló de ella y no buscó formas de liberarme de las pesadas rocas que había en mi corazón. No construyó puentes entre las grietas que había entre mis partes física y espiritual, *porque no sabía cómo hacerlo*. Su forma de mostrar su Ser Divino fue poner sobre la mesa todas las cualidades que tenía y ofrecérmelas sin reserva y sin flaquear.

No profundizó, no se tambaleó, no se rompió y no cambió. Sacrificó su felicidad personal en muchas ocasiones para resguardar mi bienestar emocional. Era un ancla en un mar tormentoso que mantenía nuestro pequeño barco sobre la superficie, y muchas veces lo llevaba hacia hermosas aguas calmas y lo acercaba a playas tropicales. Me ofreció una vida maravillosa y estable. Siendo mi padre mi propia ancla, me instalé en un camino que me llevó a ser una niña y una jovencita competente. Nunca le pregunté abiertamente por mi madre, creo que por el deseo subconsciente de proteger sus sentimientos y no cargarlo con los míos. Mi madre se convirtió en una figura rodeada de misterio, y yo aprendí a sobrevivir sin ella.

De alguna manera, desarrollé la habilidad de *crear dentro de mí la energía que las madres brindan a sus propios hijos*. Fui mi propia madre, aunque eso consumió enormes reservas de combustible. No advertí el impacto que esa constante función maternal interna, esa forma de recurrir a cierta clase de *almacén espiritual* de amor materno, estaba teniendo sobre mí hasta las últimas etapas de la adolescencia. Por aquel entonces ya estaba al borde de experimentar un profundo agotamiento por haber mantenido vivas mis energías femeninas internas durante tanto tiempo *sin tener acceso a la fuente materna*.

Perdí a mi madre real, física y biológica. En un momento estaba entre sus brazos, escuchando su voz, sintiendo el latido de su corazón y disfrutando de la seguridad que me aportaba su presencia. Y en el momento siguiente se había volatilizado, y yo me encontré en un mundo extraño donde casi nada tenía sentido. Tuve que recargarme a mí misma con las energías que cada día debía buscar en lo más profundo de mi ser.

Con el paso del tiempo atravesé muchos periodos de cambios que no se ajustaban al modelo de vida que me habían transmitido. Como contaré con más detalle en cada uno de los siguientes capítulos, y en cada uno de los templos de diosas en los que nos adentraremos, me encontré atravesando diversos ciclos y etapas de sanación, de despertar y transformación que no se asemejaban a nada de lo que podía haber imaginado para mi vida.

Me transformé en una jovencita competente y estable, que parecía poder gestionar su vida perfectamente. Es decir, hasta que me marché de casa para ir a la universidad. De pronto un día, sentada en el dormitorio de la residencia, empecé a sentir que todo comenzaba a derrumbarse dentro de mí. Finalmente terminé abandonando la universidad sin siquiera haber completado el primer curso. Ese fue el inicio de muchos años de incertidumbre, hasta que por fin emprendí el viaje para afrontar el dolor aparentemente infinito que me había producido el hecho de que mi madre me abandonara a los cuatro años.

Buscar a la madre espiritual

Un psicoterapeuta podría hacer un análisis claro de mi persistente necesidad emocional y psicológica de buscar y encontrar a la «madre» en cualquier sitio. Supongo que puedo ser plenamente transparente, y por tanto podríamos superponer mi anhelo de conectar con mi madre muerta con mi propósito vital de fusionarme con lo Divino Femenino.

Es verdad, *siempre he buscado a mi madre*, y sin embargo lo que he aprendido es que mi sanación, mi despertar y mi evolución forman parte de un plan universal mucho más grande cuyo propósito es que la Gran Madre retorne a nuestra conciencia. He sido conducida a través de mis reiniciaciones hacia lo femenino espiritual.

Creo que tenemos contratos sagrados que debemos cumplir en esta vida. Debemos ser sacados de las brasas ardientes de nuestro inconsciente para poder sanar, despertar y transformar. Debemos abandonar las ideas no evolucionadas de lo masculino sobre cómo deberían ser nuestras vidas, para cumplir nuestros contratos divinos con la Diosa. Como mujeres que están aquí para servir al Todo y utilizar sus paletas de radiantes colores sanadores para iluminar la Tierra, debemos renunciar a las ideas de nuestro ego sobre la forma en que la Diosa nos prepara para el servicio.

La Diosa desea ser una mentora divina que proporciona instrucción, guía y apoyo. Ella tiene múltiples y variopintas maneras de impartir sus enseñanzas, que han sido diseñadas para plantearte desafíos, y también para cuidarte, sanarte y animarte.

Las tres etapas que hay que transitar para retornar a la Diosa

Por encima de todo, la conciencia sagrada femenina necesita reeducarte para que aprendas sus formas de actuar y sus métodos. Hay tres áreas claves del autodesarrollo por las que la Diosa nos hace transitar cuando elegimos trabajar con esta conciencia:

- **Claridad** a través de la verdad, la conexión con los sentimientos y la sanación de las creencias negativas.
- **Iniciación** a través de la activación de la energía, el despertar y los actos de amor rituales.
- **Transformación** a través de la capacidad de recuperar el propio poder interior y compartir nuestros dones auténticos.

Cuando digo «elegir», quiero decir hacerlo bajo la guía de tu alma. Tal vez no seas consciente de que estás trabajando con las fuerzas universales de la Diosa cuando eso es precisamente lo que está sucediendo ni de que has concertado alguna clase de «contrato espiritual».

Llegarás a saber, ver y comprender todo lo que necesitas para acceder a un tiempo natural, ordenado por lo divino. La Diosa siempre te hace transitar por procesos de crecimiento en etapas que son perfectas para tu alma. Tal como afirma Louise Hay: «Todo lo que necesito saber se revela ante mí exactamente en el momento oportuno».

Esas etapas no necesariamente están alineadas en una determinada progresión. En cierta medida, coexisten en paralelo e incluso están entrelazadas. No obstante, es bastante probable que la Diosa te induzca primero a hacer un trabajo de limpieza y sanación de tus emociones. Posteriormente, con toda certeza alcanzarás un determinado nivel en el que ya habrás hecho el trabajo de sanación más intenso y las activaciones espirituales más significativas ya se habrán producido. Entonces podrás mostrar realmente tu poder y tus dones interiores. Por supuesto que habrá crisis, pero también un progreso magnífico. Podrás percibirlo a medida que el proceso se acumule y se integre gradualmente en tu alma.

En este mismo momento las diosas se están reuniendo

Ahora siento cómo se acerca hacia nosotras la energía de las diosas. Gracias a mis sentidos espirituales soy consciente de las auras de estos arquetipos místicos a medida que se acercan.

Están llegando.

Esto significa que mientras tú lees estas palabras el panteón de lo Sagrado Femenino trabaja colectivamente, preparándote para que entres en sus templos. Ha llegado el momento para ti de sanar, despertar y transformar.

Tal vez comiences a sentir que tu cuerpo, tus emociones y tu espíritu responden a esta invitación sagrada.

En este preciso momento, las nueve diosas están formando un círculo a tu alrededor. Están presentes en un plano dimensional superior, elevando tu campo energético a esa frecuencia.

Ellas unen sus manos para formar un círculo sagrado.

El amor que sienten por ti es inimaginable, eterno y vasto. Tú eres una valiosa mujer de la Tierra y del Cielo. Eres una mujer profunda. Eres una mujer que está despertando.

Las diosas poseen los elixires del amor que has echado en falta durante toda tu existencia, todo el tiempo que tu corazón es capaz de recordar. Han traído con ellas la medicina profunda que tu espíritu añora y anhela. Tienen todas las herramientas místicas ocultas bajo sus mantos. Todo lo que necesitas para renacer a la luz está aquí.

Tienes todo su apoyo. Ellas te aman de forma incondicional. Te ven. Te escuchan. Estás a salvo.

Respira profundamente llevando el aire hacia tu pecho. Permanece presente y plenamente expandida en este momento ilimitado. Siente tu energía abrirse suavemente hacia el Círculo de las Diosas que te rodean. Advierte cuánto deseas abrirte y concederte permiso para recibir su amor. Las diosas están todavía más cerca de ti, rodean tu cuerpo y anuncian su entrada en tu mundo.

«Estos son tiempos de grandes cambios —susurran—. Tú eres una de las elegidas, las precursoras del espíritu femenino resucitado. Estás a punto de iniciar un proceso muy importante de cambio interior, y esto se reflejará en el mundo de tus relaciones. Las personas vendrán a ofrecerte oportunidades de sanación y perdón. El equilibrio kármico se afirmará en tu vida para que puedas liberarte de todo aquello que ya no te sirve.

Atraerás todo lo que necesites para elevarte del suelo, salir de la caverna y ser la voz de la verdad y la sabiduría, tan necesarias, de lo Divino Femenino.

»Te mostraremos el camino. Toma nuestras manos, de una en una, paso a paso, mientras te dejas guiar.

»El viaje ha comenzado».

Primera parte

Sanar y limpiar

Capítulo 1

El templo de Kali

La invitación

De manera que aquí estás, sin tener demasiada idea de dónde te encuentras ni de qué es lo que está sucediendo, en el centro de un enorme paisaje natural. A tu alrededor hay un círculo de nueve figuras de luz resplandecientes.

Mientras piensas de qué forma podrías marcharte de allí y volver a lo conocido, una fuerza dinámica emerge del círculo etéreo.

Las otras figuras respetuosamente dan un paso atrás y se disuelven de forma instantánea en el éter. Kali, la diosa suprema de la transformación, se acerca a ti en una nube de energía brillante de color negro azabache. Crea un camino en forma de espiral con una electricidad de alto voltaje. Sus múltiples brazos se agitan. Las calaveras de su falda se entrechocan mientras Ella se mueve.

Kali, un recipiente para las sagradas erupciones volcánicas, impone un gran respeto y autoridad. No sabes quién es este ser, pero ella toca una fibra sensible en lo más profundo de tu corazón y tu alma. Es como si hubieras sido despojada de todo lo que conoces como realidad. La brillante nube negra, que parece una concentración vaporizada de un suave cristal de ónix, se filtra a través de tus sentidos. Sientes la cabeza despejada, pero prácticamente no puedes recordar quién eres, en qué crees y qué es lo que estás haciendo en la Tierra.

De repente Kali está justo frente a tu rostro. Tu cuerpo siente calor y frío al mismo tiempo. Tienes una sensación incómoda en la base de la columna vertebral y empiezas a sentir una especie de golpeteo o un temblor que te sube desde las piernas hacia el resto de tu cuerpo.

Los ojos de Kali se encienden con un color rojo muy intenso. Mientras los miras sientes que todo el universo se revela ante ti en un instante.

Una oleada de miedo sube desde la boca de tu estómago. Es un efecto tangible de esta visión divina del misterio cósmico, pero ella sigue sujetándote firmemente con su mirada de color carmesí.

Lo único que deseas es escapar, pero Kali te toma de la mano con una ternura asombrosa. Su mirada penetrante consigue retenerte en su vasta presencia. Como si estuvieras atrapada en un viento galáctico distante, oyes débilmente el clac clac clac de los huesos y calaveras, que golpetean en los ecos de los agujeros negros y el vacío insondable.

«Bienvenida, Hermana de la Luz. Aquí es donde comienza tu viaje —te dice—. Tenemos todo el tiempo del universo, de manera que ven conmigo. Se me conoce como la Madre Negra del Tiempo. Déjame mostrarte mis secretos cósmicos. Déjame entrar en tu conciencia y activar tu naturaleza eterna».

El aire se ha tornado de un color negro azulado: puro, claro y profundo. No eres capaz de expresarlo, pero acaba de suceder algo definitivo. Tal vez estés perdiendo el juicio, pero podrías jurar que una espada de plata acaba de atravesar tu mente y tu rostro, y ha comenzado a cortarte ritualmente, como si estuviera podando las ramas de tu cuerpo.

Sin saber qué está sucediendo, te quedas inmóvil. Todo está en silencio, y todo es un sonido profundo. Podrías estar en caída libre a través del espacio infinito; o podrías estar plantada en el corazón mismo de la Madre Gaia.

Ahora estás en el templo de Kali.

¿Quién es Kali?

La deidad hindú Kali es una representación omnipresente de *Devi*, la palabra sánscrita que significa 'la Diosa'. En India, la esencia Devi o Shakti es un símbolo primario de la vida universal, la primera creación.

Kali surgió de la frente del gran dios Durga, como una respuesta divina de sanación para tratar los efectos opresivos de la dominación masculina inconsciente.

Fue creada como una fuerza motriz, feroz e intransigente, de la conciencia femenina suprema. Su condición de «Shakti primordial» confronta las ilusiones basadas en el miedo y defiende con firmeza la fuerza vital femenina espiritual, lo que significa que aterroriza a quienes no la comprenden.

En India abundan los templos que honran a Kali y su imagen se encuentra en muchos hogares. Es adorada con devoción en la poesía y los textos místicos hindúes, donde se expresa su verdadera importancia espiritual: su capacidad para liberar de sus miedos y del apego al ego a todos aquellos que la miran de frente.

En el corazón de todas las cosas, Kali ejemplifica el elemento supremo de sanación y transformación eternamente creativo de lo Sagrado Femenino. Su poder reverbera mientras el clamor de la Diosa se extiende por todos los universos.

En esta época en la que el patriarcado ha inducido el miedo a Shakti, Kali estremece el sentido común de muchas personas. Y sin embargo su misión es restaurar el orden divino en el mundo: volver a equilibrar el universo a través de una profunda purificación de todo lo que no presta servicio a la Gran Madre.

Kali nos pide que nos confrontemos con los crímenes que hemos cometido contra Devi, para que podamos eliminar de nuestra frecuencia todo lo que no es verdad y convertirnos así en un recipiente limpio para el renacimiento de Shakti.

Los temas arquetípicos de Kali son los siguientes:

- La muerte y el renacimiento.
- La transformación.
- La limpieza profunda.
- El caos.
- La destrucción.
- La pérdida.

Kali está allí donde todo comienza. Y en última instancia, está donde todo concluye. Kali representa la *fuerza creativa infinita que da la vida y a la vez la quita*. Con una mano sostiene la semilla de la creación y con la otra disuelve las formas en la nada y retira rápidamente lo que ya no es necesario.

La muerte y el renacimiento

El tema de la muerte y el renacimiento aparece con frecuencia en las enseñanzas espirituales y en cualquier disciplina destinada a ayudarnos a comprender nuestra experiencia humana desde una perspectiva superior. Como es evidente, la naturaleza nos muestra patrones de muerte y renacimiento: el movimiento diario del sol desde el amanecer hasta el atardecer y la aparición de la luna y las estrellas cada noche son símbolos de inicio y culminación. Con cada estación vemos el cambio que se produce en la vida animal y vegetal, de acuerdo con la muerte y la regeneración continuas que son inherentes a los ciclos naturales.

En nuestra vida también existen réplicas de dichos símbolos y patrones. El modelo de muerte y renacimiento se repite a través del viaje del desarrollo evolutivo que emprendemos en cualquiera de nuestras vidas. Nuestra existencia evoluciona naturalmente a través de fases rítmicas que pueden considerarse inicios y conclusiones, morir y renacer.

Todo en la naturaleza tiene un ciclo de vida, y la diosa Kali nos muestra que nosotros también debemos comprender la muerte y el renacimiento como un elemento central de nuestra evolución psicológica, emocional y espiritual.

La transformación

La transformación significa básicamente el cambio de un estado del ser a otro, un cambio de forma o de naturaleza. La palabra *transformación* puede ampliarse y denotar un cambio total o radical, que se conoce como *metamorfosis*.

Cuando estamos trabajando con nuestros aspectos internos, emocionales y espirituales, en el corazón de nuestra práctica está la transformación del Ser. Aspiramos a percibirnos como algo que trasciende una masa física de tejidos y células, y quizás también esperamos que nuestra naturaleza más profunda nos conecte con alguna especie de fuerza divina soberanamente creadora. Mientras intentamos conocer qué es lo que hay en el núcleo de nuestro ser, la esencia de nuestra alma, podemos albergar el deseo de alinearnos con una sensación de propósito divino. Esto quiere decir que mientras somos guiadas a través del proceso del crecimiento personal, mientras evolucionamos y aceptamos el cambio como un estado natural siempre presente, llegamos a comprender que si queremos cumplir nuestra función superior debemos estar abiertas a la transformación.

Transformarse en el plano del crecimiento espiritual o psicológico no es algo fácil de alcanzar para la mente lógica que se basa en hechos concretos. Es una sensación auténtica que se manifiesta en los planos interiores.

La limpieza profunda

Limpieza es un término que alude esencialmente a simplificar y agilizar. Podemos aplicar este término a muchos aspectos de nuestra existencia: física, emocional, mental y espiritual. Cuando nos «limpiamos» de algo, por lo general se trata de algo que es superfluo y que ya no nos aporta ningún beneficio. También puede ser algo que se interpone física o metafísicamente en nuestro progreso. Limpiamos nuestra casa cuando nos sentimos cargados de objetos viejos y desordenados. Limpiamos nuestras emociones, liberándolas y expresándolas. Podemos limpiar nuestras mentes y campos energéticos recurriendo a la meditación, los rituales sagrados, los paseos por la naturaleza o poniendo nuestro cuerpo en movimiento.

La limpieza profunda es algo que sucede a nivel espiritual. Se produce cuando las fuerzas divinas se filtran en nuestro cuerpo energético (las capas de la esencia del alma) e inician un proceso de liberación profunda. Todos los pensamientos que se relacionan con las preguntas de quiénes somos y para qué estamos en la vida pueden comenzar a cambiar. Iniciamos un proceso instintivo del alma que implica dirigirnos hacia la luz que hay en nuestro interior para dejar que nos guíe, abrirnos a la interconexión de todos los seres vivos y expresar las ideas de separación, culpa y juicio y liberarnos de ellas.

El caos

El caos representa la fase del **clamor de Kali**: las perturbaciones y la agitación que hay en el corazón del cambio evolutivo. El caos se produce cuando la mente lógica no puede otorgar sentido a las cosas y es incapaz de anticipar cómo habrán de desarrollarse.

El caos es un estado femenino, porque es la forma en que acontecen los procesos primarios de creación y nacimiento. La nueva vida surge del caos. Un nuevo orden iluminado y perfeccionado emerge del caos.

Los antiguos griegos creían que el origen del universo era el caos, que puede definirse como vacío o abismo, lo indefinible e inexplicable. El caos también representa el gran misterio, porque es esencialmente insondable.

La destrucción

A nivel del viaje del alma, la destrucción representa el terremoto que subyace al *statu quo*. Se presenta como una fuerza iluminadora cuando es preciso confrontar y modificar el «viejo orden» y los esquemas mentales fijos sobre la realidad. Es como una bomba espiritual colocada bajo un edificio en ruinas, que destruye todo aquello que ya no tiene medios ni infraestructura para seguir en pie.

Este tipo de destrucción no es dañina para la vida, porque está motivada por el amor. Pretende eliminar todo lo viejo y deteriorado con el fin de fertilizar lo nuevo para propiciar su floración. Algunas veces llega como una fuerza contundente, porque se necesita un fuerte impacto para que la conciencia alcance la claridad y el despertar.

La pérdida

La pérdida es un espacio vacío, que surge por la ausencia o la desintegración de algo o alguien importante. Este vacío, emocional o físico, es un elemento fundamental del universo. En nuestra vida personal puede percibirse como algo perturbador, que suscita sentimientos de desolación y soledad. El duelo es una parte de la pérdida, durante la cual sentimos como si nuestro corazón fuera un páramo al que hemos sido arrojados.

La pérdida puede ofrecer una revelación profunda de la verdad del alma. Durante un periodo de pérdida y duelo podemos experimentar desolación y crudeza. Si nos miramos en el espejo de nuestra naturaleza profunda, acaso veamos quiénes somos por primera vez en nuestra vida.

Algunas veces no se comprende bien la pérdida, que puede representar un espacio de una devastación inusualmente sagrada y reveladora del espíritu. La pérdida puede traer consigo una meditación que desnude el alma, puesto que al perder algo valioso podemos experimentar nuestra conexión ilimitada con la vida en su conjunto, con todo el universo.

Mensaje del alma

La diosa Kali es la creadora primordial de toda vida.

Ella es el fuego oscuro de lo Sagrado Femenino, la que sembró la existencia en todas las cosas. Ha tejido los hilos de la creación para darles un ser, y las ha despertado a la vida con Su ardiente aliento.

Su corazón está encendido para ti, porque eres lo más importante. Tu vida es más trascendental de lo que piensas o crees que es. Kali está aquí para mostrarte que puedes elevarte y expandirte más allá de lo que siempre has creído posible. Su amor por ti es superior a lo que jamás te has atrevido a experimentar en un plano tridimensional: Ella te ha amado desde el inicio de los tiempos, a lo largo de innumerables vidas e innumerables encarnaciones, y te amará hasta el fin de los mundos.

Su amor es inagotable, inquebrantable e incuestionable. Es más grande de lo que tu propio corazón jamás hubiera podido concebir, porque transporta la energía de la llama eterna: trascendente, infinita, ilimitada, suprema.

Ella te conoce mejor de lo que jamás podrías conocerte a ti misma. Sabe lo que quieres y lo que realmente necesitas. Conoce el pasado y el futuro. Conoce la verdad de tu alma y sabe lo que está anhelando expresar. Conoce tu esencia porque es Ella quien la ha creado.

Ella sabe qué es lo que te paraliza, lo que te limita, lo que te lleva a subestimarte y lo que te hace daño. Conoce todo lo que ocultas en tu interior, alejado de la luz. Conoce tus trucos, tu negación, tus mecanismos de evitación, tus distracciones y tus patrones de autosabotaje.

Te mira con más compasión de la que jamás podrías sentir por ti misma, y luego utiliza sus espadas de oscuridad para cortar todo y a todos los que se interponen en tu camino superior hacia la luz.

Kali corta todo aquello que es ajeno a tu camino con un poder absoluto e irreversible.

Mientras te aparta de todo lo que ya no es útil en tu camino hacia el amor superior, te pide que no mires atrás. Confía en Ella y ríndete a su poder. No te pide que dejes atrás lo que te pertenece. Sencillamente te aleja de lo que ya no te pertenece. Si algo se marcha de tu vida, es porque

ya no te corresponde. Tú ya has establecido acuerdos y vínculos ener-
géticos que adoptan nuevas formas: personas, lugares y circunstancias.
Estos cordones de luz ya están en su sitio. No hay razón para que tengas
miedo, porque las pérdidas aparentes se transforman en nuevos inicios
llenos de luz.

El toque de Kali

Hay señales muy comunes impregnadas de la energía de Kali que indican que esta diosa poderosa e incondicional está contigo. Por ejemplo, puedes experimentar un cambio drástico y repentino, una turbulencia emocional o una sensación de que las cosas se están derrumbando. Al principio lo puedes interpretar como «estar per-diéndolo todo», o puedes tener la sensación de que los cimientos de tu vida comienzan a colapsar y las estructuras a desmantelarse.

En términos de existencia cotidiana real, por lo general la energía de Kali llega rápidamente y sin previo aviso. No suele ha-ber un periodo de adaptación a los cambios por venir, que pueden manifestarse de una forma impactante y sorprendente. La diosa Kali puede expresarse a través de tu realidad física de tantas formas diferentes que resulta imposible enumerar todas las posibilidades. Sin embargo, vamos a considerar algunos ejemplos.

Quizás pierdas tu trabajo de un modo repentino, o acaso una buena oportunidad de mejorar tu trayectoria profesional se frus-tre repentinamente. Tal vez descubras que tu pareja quiere dejar la relación. O a lo mejor eres tú quien inesperadamente llega a un punto de no retorno. Algunas veces las influencias de Kali produ-cen una serie de cambios intensos, uno detrás del otro, o incluso al mismo tiempo. En cualquiera de estas circunstancias puedes tener la sensación de que en tu vida las cosas van cayendo como una serie de fichas de dominó.

La energía de la revelación de Kali a veces puede manifestarse en tu cuerpo físico, por lo que es posible que sufras algún problema de salud cuando se acerque a ti. Nuestros cuerpos se ven obligados a hablar en voz muy alta cuando nuestro corazón y nuestra alma no prestan atención.

Kali no le habla a tu ego, le habla a tu espíritu. A veces nuestra vida parece entrar en erupción o caerse a pedazos; esto ocurre para obligarnos a parar y escuchar una voz diferente. Más allá de que se trate de nuestro cuerpo, de una relación afectiva, de nuestro trabajo o de nuestra economía, cuando el mensaje se transmite de forma contundente y profunda, no podemos eludir la responsabilidad de tomar conciencia de lo que tiene que cambiar, sanar y salir a la luz. Nos lo debemos a nosotras mismas.

La energía de Kali puede manifestarse como una crisis

Kali puede ofrecernos una experiencia que provoque una crisis. Aunque cuando ella está presente los sucesos parecen precipitarse de forma inesperada, en realidad todo lo que hace nos permite despertar y confrontarnos con nuestras verdades más profundas. Cuando experimentamos cualquier tipo de crisis, podemos tener la sensación de que nos han vapuleado, nos han llevado al mismo infierno o incluso nos han castigado. Las crisis son traumáticas por naturaleza; nos afectan emocional, mental y físicamente, y nos exigen buscar respuestas en lo más profundo de nuestro ser. Son agotadoras, y generalmente suscitan dudas y miedos.

La ansiedad sale a menudo a la superficie bajo la influencia de Kali, porque Ella nos ayuda a afrontar nuestros miedos para poder alinearnos más profundamente con nuestra fuerza espiritual. Kali no se deja intimidar ante el miedo. Provoca que los miedos ocultos en nuestro interior exploten y afloren a la superficie en forma de crisis, para ayudarnos a enfrentarnos a nuestros demonios internos (los patrones inconscientes creados para controlar el miedo, que inhiben o menoscaban nuestro crecimiento personal).

Cuando algún aspecto de nuestra vida salta por los aires, nos sentimos tan aterrorizados que tenemos la sensación de no poder soportarlo. Kali nos demuestra que posiblemente hayamos necesitado esa descarga eléctrica para poder mirar las verdades de frente. También nos enseña que nuestras crisis suelen ser el resultado de una energía acumulada e inconsciente que debe ser liberada.

Las crisis no son fáciles de transitar, pero nunca recibimos nada que no seamos capaces de gestionar. En alguna medida, Kali siempre nos muestra exactamente aquello que nuestra alma ya conoce. Aquello que nosotros pensamos que no estamos preparados para ver, procesar, modificar y atravesar con el fin de seguir creciendo.

Pero Kali nos conoce mucho mejor de lo que nos conocemos a nosotros mismos. Ella es la diosa que ha llegado para que miremos a la cara nuestros miedos, nuestra negación y nuestras ilusiones, para revelarnos la verdad de nuestra poderosa fuerza interior.

La intensidad de la energía de Kali

La energía de Kali es muy fuerte para la personalidad humana, el ego y los individuos que no tienen conciencia. Todos los elementos de la psique destinados a controlar el miedo que pretenden estar separados de otros seres vivientes, y también del amor divino, se opondrán a ella.

Su vibración es intensa y arrolladora. Su forma de entrar en tu vida no se parece en nada a una lluvia suave sobre tu alma. Kali irrumpe en ella con todas las *espadas de la verdad* que han sido forjadas con los fuegos del cosmos.

Cuando Kali llega a tu vida, puedes experimentar una destrucción sistemática e incesante de todo lo que tú consideras que son los pilares de tu existencia. Si estás destinada a progresar a través de los canales más profundos de la transformación de lo Divino Femenino, en algunas ocasiones la intensidad de Kali puede resultarte insoportable.

Esta diosa suprema te empujará más allá de cualquier límite que creías haber atravesado, te instará a desafiar cualquier pensamiento de debilidad, victimismo o falta de autoconfianza, y te pedirá que te enfrentes a todos los obstáculos para verte a ti misma como una valiente guerrera del amor.

La magia de Kali

Los sabios, los ermitaños, los poetas, los eruditos y los buscadores místicos del mundo siempre han venerado a Kali como una fuerza elevada de misterio espiritual. A medida que las mujeres nos sumergirnos en nuestra vida moderna, podemos preguntarnos de qué manera Kali produce su magia arcana en nosotras y cómo podríamos llegar a conocerla como un aspecto eterno de nosotras mismas.

Confía en lo desconocido

Esta es la enseñanza que surgirá una y otra vez a medida que exploremos la Conciencia de la Diosa. Kali es la reina de lo «desconocido» espiritual: el espacio experimental y filosófico que no puede conquistarse por medio de la lógica, el raciocinio o los resultados previstos. No es esencialmente «un espacio energético femenino», puesto que lo femenino está gobernado por la confianza en el orden divino, la fe en los ciclos naturales y las leyes espirituales, y el reconocimiento de que las cosas no siempre son lo que parecen.

La esencia femenina es en última instancia un misterio.

El sistema energético masculino se basa en gran parte en erradicar los aspectos desconocidos, invisibles y no cuantificables de la vida. Lo masculino aspira a darle un sentido a la vida y al universo por medio de medidas, pruebas, estrategias, control y predicción de los resultados. A lo masculino le resulta difícil confiar en lo que no puede ser demostrado físicamente aquí y ahora a través de evidencias lógicas y físicas contundentes. En esta actitud no hay nada que sea inherentemente negativo o incorrecto; sin embargo, *un exceso de confianza en esta forma de interactuar con la vida bloquea otras perspectivas y métodos alternativos, que son femeninos.*

Kali desarrolla nuestra confianza en los aspectos desconocidos de la vida. Y lo hace empujándonos hacia situaciones y experiencias que desafían nuestra necesidad de saber qué es lo que va a ocurrir y cuándo. A menudo destruye las representaciones físicas de seguridad (por ejemplo, romper un matrimonio que ya no funciona pero que proporciona seguridad económica) con el propósito de llevarnos nuevamente a lo más esencial de lo Sagrado Femenino. Esas ocasiones en que estas estructuras de seguridad física y emocional se derrumban pueden generar un miedo intenso.

Y sin embargo, Kali siempre estará allí para recordarnos que lo Divino y nuestro poder Divino Femenino interior son la fuente suprema de la seguridad.

Confrontar y desmantelar el ego

A menudo nos conformamos con modos de vida que satisfacen nuestro ego, y no nuestro espíritu. Cuando hablamos del «ego» nos referimos (como Marianne Williamson explica basándose en el texto espiritual *Un curso de milagros*) a «toda la red de percepciones que despiertan temores, y que provienen de esa primera falsa creencia de que estamos separadas de Dios».

El ego es la «idea de un ser pequeño y separado» que niega nuestra divinidad. Le gusta mantenernos estranguladas, atrapadas, y vernos tomar decisiones basadas en el miedo en lugar de en el amor. Con frecuencia se manifiesta como una voz persistente y despiadada que insiste en la autocrítica y la falta de autoconfianza. El ego ha bloqueado los canales que nos conectan con esa voz interior que nos guía con amor: se siente cómodo retorciéndose de miedo y cinismo, obstruyendo todos los flujos de luz que iluminan las percepciones alternativas cargadas de amor.

Las percepciones del ego nos resultan muy familiares porque hemos sido condicionadas para aceptarlas como todo aquello a lo que podemos aspirar en la vida. Es muy difícil desmontar las decisiones que surgen de estas percepciones, porque con mucha frecuencia priorizamos lo que es habitual y nos resulta cómodo frente a lo desconocido. Tal como escribe Marianne en *Volver al amor*: «A pesar de que en determinados momentos nuestra vida puede ser muy incómoda, dolorosa o incluso desesperada, tendemos a aferrarnos a lo viejo en lugar de probar algo nuevo».

Cualquier tipo de cambio sanador requiere abandonar la zona de confort del ego. Nuestra diosa interior siempre nos está revelando lo que es posible si damos los pasos necesarios para anular el control del ego y confiar en que podemos ser un canal para que el espíritu se manifieste.

¿Sabes cómo lo hace la Diosa? Sí, claro que lo sabes. Te ha estado ofreciendo claves durante toda tu vida. *¿Cuáles son tus sueños más profundos acerca de lo que quieres hacer, ser, crear, vivir y amar? ¿Qué es lo que pides a través de tus plegarias?* **En el centro mismo de estos sueños y oraciones están tus deseos de liberar a tu alma de los castigos de tu ego.**

En los tejidos de tus visiones más excelsas están los hilos brillantes del propósito de tu alma en la Tierra.

Has venido a la Tierra para hacer una contribución sagrada: dar, irradiar y encarnar la luz de la Diosa. Esto significa que debes elevarte por encima de los pensamientos que te atemorizan y te limitan, para poder desarrollar lo que eres y lo que eres capaz de hacer.

Debes restaurar los canales sagrados del amor que son el sistema circulatorio de tu naturaleza divina. La Conciencia de la Diosa trabajará para sanar tu sensación de estar separada de este amor.

Kali es la diosa que iniciará este trabajo en tu persona. Ella usa poderes sanadores directos y profundos para arrojar luz sobre tu ego. En el arte y en las imágenes religiosas a menudo se la representa de pie, apoyando uno de sus pies sobre el cuerpo de una persona que yace vencida en el suelo debajo de ella. *Esta imagen es un símbolo de que la Diosa Suprema derroca al ego humano con el poder de lo Divino Femenino.*

Revelar la verdad

Kali ofrece revelaciones, y nosotros asociamos este aspecto de la Diosa con la carta de la Torre del tarot y el significado astrológico de los eclipses. La carta de la Torre destruye falsas estructuras con el fin de revelar lo que está oculto y ha sido negado. Los eclipses de sol y de luna se presentan para sacarnos del espacio sombrío en el que nos instalamos por no querer reconocer una verdad.

Esa es precisamente la función de Kali. Ella sacudirá los cimientos de nuestra existencia para conseguir que nos enfrentemos con aquello que nuestro ego pretende negar, y de lo que prefiere huir. Si estás viviendo una mentira en cualquier aspecto de tu vida (es decir, si no eres sincera contigo misma en relación con lo que deseas, con lo que realmente eres en lo más profundo de tu corazón), lo más probable es que esa mentira emerja a la superficie en cuanto Kali te toque.

Si lo que no quieres ver es de qué modo te hieres a ti misma, si niegas tus penas y aflicciones, todo ello saldrá a la superficie para que puedas reconocerlo. Tal vez esto te destroce el corazón porque a pesar de que el odio que sientes por ti misma y los daños que te causas son venenosos, han sido tus compañeros de viaje durante mucho tiempo. A menudo la única forma de curar una herida es exponerla al aire. Es preciso retirar la venda psíquica para que lo que supura por debajo de ella pueda recibir la luz de la verdad.

Mostrar los patrones tóxicos

Kali es la espada femenina que porta la verdad, y con ella partirá todas las tácticas que el ego utiliza para distraernos de la presencia del amor. Nuestro ego se apoya básicamente en la idea de la separación. Nos separa del amor que es el tejido de nuestro universo. Nuestro ego también existe para mantenernos alejadas de nuestras propias fuentes internas de amor, que se manifiestan como sabiduría intuitiva, orientación sanadora, esplendor creativo e ideas inspiradoras.

Y nosotras, guiadas por la necesidad que tiene nuestro ego de mantenernos sumidas en las sombras, creamos patrones de conducta y emocionales que sabotean (a menudo de forma inconsciente) nuestra capacidad de conectarnos amorosa y poderosamente con el mundo. En otras palabras, si dejamos que el miedo domine nuestros pensamientos y sentimientos, nos exponemos a que todas las situaciones, relaciones y comportamientos tóxicos y autolimitantes consuman toda nuestra energía positiva destinada a afirmar la vida.

En términos de la Conciencia de la Diosa, estas relaciones y estos patrones tóxicos también se deben a una baja autoestima y a una desvalorización producidas por el divorcio de la conciencia de una mujer de su verdadera naturaleza superior de lo Divino Femenino. En muchos casos, esto puede estar vinculado con un trauma que tuvo lugar en vidas pasadas, un tema del que nos ocuparemos en detalle más adelante. No obstante, si tienes una relación afectiva en la que impera el abuso o la violencia, es hora de pedir ayuda. Si sabes que estás atrapada en una adicción, hay muchos sitios donde pueden ofrecerte apoyo. No es ninguna vergüenza pedir ayuda. Todos necesitamos apoyo para liberarnos de la toxicidad, cualquiera que sea la forma en que se manifieste.

La raíz de nuestros patrones adictivos y dañinos es una huida de nuestra propia divinidad, una incapacidad para amar el Ser. Cuando escapamos del amor omnipresente que somos, necesitamos un modo de suprimir el tremendo dolor que eso nos ocasiona, y es precisamente en estas circunstancias donde las adicciones cumplen un papel. No hay ninguna persona en el planeta que no se haya hecho daño a sí misma mediante situaciones, relaciones o conductas tóxicas por el hecho de sentir que no era lo suficientemente buena en nada. Tal como afirma Marianne Williamson: «Todos nos estamos recuperando de algo».

Mostrar el camino de la entrega

El camino de la entrega significa deshacerse de la idea de que tu ego conoce mejor que la Diosa lo que es beneficioso para ti (y para el mundo). Entregarse implica estar dispuesta a abandonar tu forma de hacer las cosas y permitir que tu Ser Sabio instaure una vida más plena y auténtica. Kali te envía lecciones particularmente difíciles relacionadas con esta área de transformación. No tiene ningún interés en escuchar tus protestas, tus excusas, tu arrogancia ni tus complejos de superioridad (o inferioridad). Como ya he destacado, *Kali está por encima del ego*.

Estar en el camino de la Diosa significa ofrecerle tu humilde servicio. Es aceptar finalmente que eres un recipiente para el amor de lo Divino Femenino y una portadora del equilibrio y la sanación que son profundamente necesarios. Es reconocer que en el centro de tu ser posees la sabiduría y el conocimiento que pueden ayudar a que el amor vuelva a ocupar un lugar central en la conciencia de la humanidad. Es admitir que en algún sitio de tu corazón hay un mensaje que tienes que revelar al mundo.

Es posible que este mensaje no se transmita a través de libros, canciones ni conferencias. Es posible que no sea un avance artístico o científico, ni una gesta deportiva. Es posible que tú seas portadora de un mensaje que cuando recibe el espacio, la confianza y el respeto que se merece puede fluir a través de todo lo que haces cada uno de los días de tu vida. Independientemente de cuál sea tu profesión o tu jornada laboral, tienes un mensaje que procede del alma, que es el templo en el que albergas el amor de la Diosa.

Ahora debo advertirte algo: tu ego y tu energía predominantemente mental no saben cómo acceder a ese mensaje, ni tampoco cómo desarrollarlo y perfeccionarlo.

Solo a través de la entrega a la Diosa podrás desenterrar este tesoro que es el mensaje de tu alma.

Tu ego siempre te limitará y te hará creer que tus visiones más amplias son imposibles de materializar. Tu ser femenino herido tendrá tanto miedo de exponerse, del castigo y de la humillación, que no te permitirá materializar los sueños de tu alma. Tu energía masculina no tiene las herramientas adecuadas para extraer el mensaje de la Diosa que hay dentro de ti.

Kali tiene formas misteriosas de presionarte para que seas humilde y le entregues tu vida. Sí, efectivamente, he escrito: *le entregues tu vida.*

Esta diosa del caos y del cosmos sabe exactamente dónde has estado y dónde te encuentras ahora mismo, y también conoce todo aquello en lo que estás destinada a convertirte. Sabe lo que está por debajo de tu autocrítica, de tus traumas, de tu forma de huir de la voz de tu alma, de tu postergación y evitación, de tus excusas y tus dramas. Sabe que te has encarnado aquí porque tienes algo que aportar al mundo. Sabe de lo que realmente eres capaz, y la visión que tiene de ti contiene más sanación, empoderamiento, libertad, intimidad, profundidad y sentido de lo que jamás podrías haber soñado.

Ella te presionará y te empujará, destruyendo las paredes de la prisión en la que tú misma te has encerrado. Te llevará hasta una encrucijada de tu vida en la que lo único que te quedará por hacer es liberarte de todo aquello que simplemente ya no te sirve, y por fin percatarte de que cuentas con el apoyo divino.

Tú tienes un plan. No es el plan en el que tu mente siempre ha creído, sino un Plan Divino que se nutre de los *principios del espíritu femenino* y, como tal, así será cumplido.

Cuando te sientas totalmente agotada por el esfuerzo de controlar las cosas y superar las dificultades para salir adelante, sobrecargada por intentar complacer a todo el mundo para ganar su aprobación, sometida a una gran presión por el hecho de priorizar cualquier cosa excepto el hecho de vivir tu propia vida en consonancia con tu alma, en ese momento la Gran Madre Kali atravesará los universos como un cometa atronador para entrar en tu vida y liberarte. Tú simplemente tienes que abandonarte y ponerte en manos de la Diosa. Este es el camino de la entrega que Kali nos propone.

Alinearte con la autenticidad

Cuando nos hemos alejado, u olvidado, de nuestra esencia de lo Divino Femenino, lo más probable es que no prestemos atención a los mensajes de nuestra alma. La consecuencia es una falta de alineación con nuestra verdadera energía, nuestra voz pura y nuestros dones particulares.

Las mujeres solemos sacrificar nuestra propia autenticidad para atender las necesidades y exigencias de los demás. A menudo somos empujadas a asumir una función de apoyo y cuidado, por la cual las necesidades y deseos de otras personas se imponen a los nuestros. Podemos cuidar y atender a los demás, pero perdernos entre las demandas y expectativas ajenas que llegan a anularnos y entramparnos (incluso de forma totalmente inconsciente) es algo muy diferente.

Algunas de nosotras podemos luchar con una voz interior muy crítica que nos insta a destruir nuestra verdadera luz con el fin de que brillemos menos que las personas que nos rodean, y evitar así que ellas se debiliten o tengan menos espacio. A muchas mujeres les resulta francamente difícil ser auténticas, expresar el verdadero poder y la voz de su alma, y arriesgarse a mejorar el *statu quo en su propia vida*, y mucho menos en el mundo exterior.

Las mujeres solemos descuidar nuestra autenticidad, nuestra creatividad y nuestras necesidades del alma para permanecer en la sombra, minusvaloradas y ocultas detrás de una montaña de necesidades y juicios de los demás. Esto nos convierte en personas discretas, dóciles y manejables, que no representan ninguna amenaza para aquellos que no quieren reconocer nuestra fuerza espiritual femenina liberada.

El propósito de Kali es conminarnos a habitar en el espacio más amplio de nuestra alma, y hacerlo sin preocuparnos de lo incómodo que esto puede resultar para quienes están acostumbrados a vernos desempeñar determinadas funciones establecidas.

Cuando nos alineamos con nuestra autenticidad, «hacer algo por nosotras mismas» es mucho más que una mera decisión. Es una nueva calibración espiritual de nuestro sistema energético que genera oleadas de un reajuste radical que llega a todos los rincones de nuestra vida.

Destino espiritual

Kali es la llamada final al despertar para todas las personas que deben abrirse a su función espiritual más profunda en esta vida. Ella abre todas las cosas. En ocasiones parece estar destruyéndolo todo, porque este proceso es una parte del rayo de tu despertar a lo Divino Femenino.

Como sucede con cualquier clase de liberación o revelación intensa, la energía siempre ha estado allí, bullendo y tomando fuerza durante algún tiempo. Kali puede producir grandes conmociones, pero en realidad nunca te dirá nada que tú ya no sepas.

Desde mi punto de vista, Kali activa nuestro destino espiritual, y lo hace recortando todo aquello que representa un obstáculo para afrontar la verdad. Nos pone del revés para sacudir nuestro ser con el fin de que podamos sentirlo. Inicia un trabajo sistemático para desmantelar el férreo control que el ego ejerce sobre la verdad de nuestra alma: consigue que el miedo y la ansiedad salgan a la superficie, nos muestra los patrones desgastados de nuestra resistencia, nuestras conductas tóxicas y todo aquello que supone un impedimento para vivir la vida para la que hemos nacido.

La expresión *destino espiritual* puede ser malinterpretada, porque muchas veces se la ha asociado a determinados eventos que van a suceder en el futuro. Dicho de este modo, la palabra *destino* puede involucrar una cierta impotencia y una retirada pasiva frente al compromiso de modelar nuestra vida. Puede sugerir que estamos a merced de las manos del destino, y que la vida siempre tiene una trayectoria establecida a la que estamos irrevocablemente unidos.

Yo no creo en absoluto que nos entreguen un recorrido vital que habrá de desarrollarse de manera inequívoca. No obstante, tengo la sensación de que nuestras almas han tomado algunas decisiones y han hecho algunos acuerdos que son decretos divinos. Creo que en lo que respecta a la misión de volver a despertar la conciencia global de la Diosa, las almas específicas han acordado firmar un contrato sagrado para formar parte de esta misión.

Es imposible aplicar la lógica a lo que acabo de decir. Esto es algo que simplemente sientes dentro de ti, en tus huesos y en la vibración de tu alma. En el destino espiritual de recordar a la Diosa y volver a colocarla en el corazón de la Tierra, habrá muchas vueltas y giros del destino y la fortuna. Así es como la Diosa trabaja de forma anónima en tu camino. Sin embargo, eso es lo que has elegido. En un nivel superior de la verdad, estabas destinada a tener este libro entre las manos.

No obstante, el libre albedrío siempre reina. La Diosa puede traer los cambios, las activaciones, la energía y el poder para despertarte de miles de años de letargo, pero en definitiva eres tú la que determina lo lejos que estás dispuesta a llegar con el material que Ella te ofrece.

Nadie hará el trabajo de transformación por ti. Ese es tu propio trabajo interior. Tú tienes un destino, y cuando Kali llega a tu vida puede mostrártelo con una fuerza extrema e implacable. La energía de Kali puede ser muy incómoda, pero *nada que tenga un gran significado y un poder revolucionario puede surgir si no abandonas los modelos antiguos de tu zona de confort.*

Tus contratos espirituales te están llamando y Kali es tu tarjeta telefónica. Ya estás preparada para afrontar tu destino.

Kali trae tu destino espiritual con un bramido y te abre a la feroz diosa de la luz, la verdad y la transformación que eres en el centro mismo de tu ser.

Ya nunca nada volverá a ser como antes.

Mi tormenta espiritual

La primera vez que Kali entró en mi vida, yo no era consciente de su existencia. Todo lo que sabía era que una fuerza de naturaleza similar a un terremoto estaba destruyendo, derrumbando y desmantelando completa y sistemáticamente mi mundo superficial.

Para compartir contigo mis experiencias personales debo retornar a cuando tenía treinta años. Estaba casada con Stuart y vivíamos en el pueblo costero de Brighton. Teníamos dos hijas, Ruby e Índigo, que se llevan tres años.

Stuart y yo nos conocimos en la agencia de comunicación audiovisual donde trabajábamos, y nos enamoramos. Tuvimos una relación de mucho cariño y mutuo apoyo. Dieciocho meses más tarde nació Ruby. Stu fue un padre extraordinario, cariñoso y colaborador. Cuando nació Índigo, la vida se complicó bastante porque teníamos que atender las necesidades de un bebé y una niña pequeña, pero Stu y yo formábamos un buen equipo. Yo decidí dejar de trabajar para criar a las niñas. Fue una decisión muy importante para mí, porque estaba muy asociada a la sanación de la pérdida de mi madre. No siempre me resultó fácil asumir esa decisión: estaba constantemente agotada por tener que ocuparme de las niñas durante todo el día, y también bastante agobiada. Solía sentir que no existía para la sociedad.

Además, en lo más profundo de mi ser estaba atravesando una larga y oscura noche del alma que se sumaba a las exigencias prácticas de la maternidad y sus consecuencias psicológicas. Me estaba encaminando precipitadamente hacia el abismo del proceso de duelo por la ausencia de mi madre. En aquella época acudía regularmente a terapia. Mi marido no estaba muy de acuerdo, creo que no le resultaba nada fácil comprender que era muy importante para mí.

Me sentía consumida por la imposibilidad de salir del túnel oscuro del proceso de duelo, y paralelamente experimentaba una profunda sensación de agobio. A pesar de todo, nuestra vida tenía una apariencia brillante en la superficie. Yo sentía con frecuencia que mi marido no era capaz de ver mi sufrimiento interno. Sin embargo, Stu y yo teníamos una relación sólida; nos amábamos, estábamos unidos por profundos lazos de amor y conectividad, y adorábamos a nuestras hijas.

Cuando Ruby e Índigo tenían cinco y dos años, nos mudamos a una casa más grande en las afueras que tenía un hermoso jardín. En nuestro hogar todo era nuevo y espacioso, las niñas estaban felices y sanas, y en nuestra vida fluían muchas cosas positivas. No obstante, en lo más profundo de mi ser había algo que estaba dejándose llevar por un poderoso impulso de producir un cambio interior. Es realmente difícil describir con palabras cómo me sentía. Después del nacimiento de Ruby hice algunas terapias intensas durante varios años en las que analicé mis emociones reprimidas. Al parecer, en aquella etapa de mi vida algo se estaba moviendo dentro de mí a un nivel profundo de conciencia.

Necesitaba un cambio. No tenía la menor idea de lo que quería, no había nada formulado dentro de mí que se asemejara a una afirmación, ni siquiera a una intención. Pero allí estaba esa sensación, noche y día, moviéndose a través de mí como una oscura madeja de transformación, filtrándose y escurriéndose de las formas más extrañas.

Cierto día me encontré a mí misma pidiéndole a Stuart que renováramos nuestros votos matrimoniales con una ceremonia especial. Nos habíamos casado hacía varios años en una ceremonia civil celebrada a toda prisa y sin ningún ritual ni celebración. Ninguna de nuestras familias había estado presente, y ni siquiera intercambiamos anillos ni tuvimos una luna de miel.

Mirando atrás, veo que anhelaba la luz y la belleza femenina, el esplendor y la celebración, para sentirme gloriosamente especial y brillante. *Jamás* me sentía así mientras desempeñaba mi función de madre en mi vida cotidiana; por lo general sentía que estaba llevando el peso del mundo sobre mis espaldas.

Recuerdo que entré en el salón de casa y le pedí a Stu que renováramos nuestros votos matrimoniales de una forma más bonita y sagrada. Él estaba viendo la televisión, y probablemente no era el mejor momento para planteárselo. Pero el caso es que sencillamente se lo solté, sin más. Parece un acto muy simple, pero para mí fue trascendental porque representaba algo muy simbólico y significativo. Ahora creo sinceramente que estaba pidiendo ayuda a gritos, le estaba diciendo a voces: «Por favor, mírame. Mira quién soy. Comprométete conmigo. Detente a pensar en lo que necesito para sentirme femenina, seducida y deseada, y no simplemente una madre. Necesito que veas mi esencia».

Él rechazó mi propuesta, y yo sentí que ni siquiera había apartado la vista de la pantalla del televisor. Todo lo que puedo recordar de una manera reverberante es su «no».

Aunque visto desde esta perspectiva todo esto puede parecer retrógrado y precipitado, tuve la sensación interna de que una pesada persiana había caído sobre mí con un enorme estruendo. El puente levadizo se levantó y un golfo se abrió entre nosotros. A partir de ese momento me desconecté de mi marido. Estoy segura de que él no recuerda este suceso, y en el caso de que lo recuerde lo más probable es que no tenga el mismo significado para él. Posiblemente solo se sintió molesto porque lo interrumpí mientras miraba un partido.

A partir de ese momento, algo dentro de mí cambió por completo. No lo comenté con nadie. No sabía qué hacer con todo eso. Simplemente estaba allí, y me había modificado para siempre. En un instante me había desconectado espiritualmente de una vida, un camino, y estaba preparada para emprender otro. En aquella ocasión no tuve siquiera una conciencia sutil de lo que estaba sucediendo, pero ahora puedo percibir claramente que así es como ocurrió.

No hice ningún cambio. Todo siguió su curso normal hasta que un día Stu me mencionó de pasada que un antiguo amigo del trabajo vendría a cenar con nosotros. Por aquel entonces no tenía la menor idea de que mi vida estaba a punto de cambiar para siempre.

Con el fin de que nos concentremos exclusivamente en la forma en que los acontecimientos que estoy a punto de describir se relacionan con la influencia de Kali, me limitaré a contar lo esencial.

Nuestro viejo amigo y colega llegó a casa. Él siempre se había sentido atraído por mí, pero todo lo que había sucedido entre nosotros no había pasado de bromas y juegos. Sin embargo, en esa ocasión fue algo serio. Iniciamos una relación sexual muy apasionada. Nuestro encuentro fue realmente peligroso y mi zona de confort comenzó a tambalearse. Nunca había engañado a nadie en mi vida, ni siquiera había pensado en ello.

El eje de mi mundo estaba girando, y grandes trozos de mis cimientos se derrumbaban y caían hacia el fondo del universo. No era feliz, no estaba segura de nada. Estaba sumida en un caos absoluto con el corazón destrozado. Parecía que la carne se despegaba de mis huesos con una fuerza mecánica y desgarradora. Era como una loba desmenuzando mi vida con los dientes. Salvaje. ¿Era esto el surgimiento del alma femenina salvaje que gritaba para romper el silencio domesticado?

Amaba a Stu, y no podía soportar que se fuera de mi lado. Adoraba a mi familia y no quería que aquello se terminara. Pero tenía que ser fiel a mí misma. Aunque no tenía ni idea de lo que significaba eso.

Finalmente mi marido se marchó de casa y de la noche a la mañana me convertí en una madre sola con dos niñas. Se fue un domingo por la noche por la puerta trasera. Jamás lo olvidaré. Antes de marcharse se giró y me miró por última vez. En su mirada pude percibir un mínimo destello de lo que podría estar sintiendo su corazón, pero la grieta que había entre nosotros era demasiado ancha.

Kali no dejó que mi corazón se ablandara para considerar la posibilidad de recuperar el confort y la seguridad. Salvar mi matrimonio no era una opción. Stu se había marchado. Le había sugerido que hiciéramos una terapia de pareja, pero en aquel momento no quiso considerar esa posibilidad. No solo me sentía confusa, llena de emociones conflictivas, avergonzada y responsable, sino también profundamente invisible y no escuchada. Fue como si una persiana de hierro hubiera aplastado mi corazón, bloqueando cualquier canal de una posible reconciliación con Stu. Aunque estaba destrozada, tenía la sensación interior de que mi columna vertebral tenía la fuerza de un duro metal.

Estaba asustada y todo era desconocido, pero sabía que debía encontrar algo en medio de ese espacio amorfo. Comencé a tener la sensación de que mi columna estaba hecha de acero.

Pasé muchos años viviendo con escasos ingresos económicos y sintiendo una enorme presión en todos los sentidos. No me consideraba una víctima, ni tampoco sentía que estaba haciendo un autosacrificio. Sin embargo, ahora pienso que estaba siendo muy dura conmigo misma por el hecho de sentirme responsable de la destrucción de nuestra familia. Me castigaba por ello, a pesar de saber instintivamente que necesitaba pasar por esa transición.

Asumí toda la responsabilidad, pero quizás de una forma un poco exagerada. Aprendí a vivir sin una seguridad económica; no obstante, tenía que encontrar un modo de ganarme la vida para poder sacar adelante a dos niñas pequeñas por mis propios medios.

Mis recursos económicos se habían reducido de forma considerable, y me atormentaba la constante preocupación de poder cubrir las necesidades básicas de mis hijas, a pesar de que Stu nunca las abandonó. Él aportaba dinero para su manutención y, de acuerdo con sus posibilidades, siempre fue (y sigue siéndolo) muy generoso con todo lo que las niñas necesitaban.

Recuerdo nítidamente que estaba a la deriva y me sentía asustada por la enorme responsabilidad que significaba para mí satisfacer las necesidades de mis hijas sin tener un compañero. Tenía la sensación de estar atravesando un desierto en el que me habían arrebatado toda mi comodidad y seguridad.

Me encontraba completamente inmersa en lo desconocido. No sabía absolutamente nada. No tenía ni un mísero átomo de certeza sobre lo que estaba sucediendo. No había un terreno estable bajo mis pies, y me sentía vapuleada por un viento frío y huracanado que soplaba incesantemente azotando mi cuerpo desnudo.

Aquello era como un interminable paisaje inhóspito y desolado que se extendía a mi alrededor. Estaba en el vacío, y sabía que tenía que resistir las lecciones. Todo era desierto y privación, excavación de huesos secos y criba de cada uno de los granos de arena o polvo con los que había sido construida. No había allí ningún oasis de comodidad, o quizás tan solo unos pocos; de lo contrario hubiera podido distraerme o adormecerme, o hubiera sido demasiado indulgente o complaciente conmigo misma. Estaba allí para hacer mi trabajo y descubrir de dónde había venido. Estaba allí para despojarme de lo que ya no me servía y desnudarme, ser libre y vivir sin ataduras.

¿Cómo si no podría llegar a descubrir mis raíces más antiguas, enterradas durante tanto tiempo en la tierra? Algunas veces no hay otra salida más que echarse a caminar sola por el territorio escasamente señalizado del espíritu femenino y sentir su resiliencia y su poderío. Allí es donde podemos encontrar la médula sagrada, asentada firmemente en los huesos de nuestra alma.

Las verdades de Kali

Kali puede empujar a una mujer hasta lo más hondo de lo desconocido, el vacío sagrado. Algunas veces esto representa un rito de transición para una mujer que debe embarcarse en las importantes iniciaciones de lo Divino Femenino. La mano de Kali agita el caldero de tu conciencia de diversas maneras, y muchas áreas de tu vida pueden resultar afectadas al mismo tiempo; un elemento tras otro parecen cambiar de forma, desaparecer o disolverse.

Someterse a la energía de Kali a veces significa apartarse de todo lo que la mente y el ego consideran los pilares fundamentales de la existencia humana: la seguridad física y económica, las relaciones sólidas, un entorno confortable y seguro, un trabajo estable. Los métodos de Kali incluyen suprimir todo aquello que supone un obstáculo para lo que creemos racionalmente que debe formar parte de la vida humana. Su propósito es liberarnos de los vínculos del ego y conducirnos rápidamente hacia el corazón.

Es innegable que por su deseo de eliminar todos los apegos al viejo orden, en ciertas ocasiones Kali puede manifestarse de una forma feroz y persistente. No realiza una ligera limpieza de la superficie de nuestro ser que se ha llenado de polvo, sino una profunda purificación, perspicaz y despiadada, del núcleo de nuestra vida. No deja ni una piedra sin remover, ningún armario sin ordenar, ninguna telaraña. Con sus herramientas sagradas diseñadas para producir una metamorfosis física, mental, emocional y espiritual sin parangón, Kali nos prepara no solamente para dejar atrás lo viejo, sino también para aceptar una nueva vida de una magnitud y una profundidad previamente inimaginables.

Eso es lo que debemos tener siempre en cuenta cuando sentimos que el cuchillo de Kali está seccionando todas las ilusiones y fantasías que teníamos acerca de cómo «debería ser» nuestra vida. Ella nos transfigura de una forma radical, integral y milagrosa para crear una nueva versión de humanidad que pueda abarcar y hacer progresar las cualidades femeninas de la Nueva Edad Dorada y modificar el mundo para que en lugar de vivir con miedo, vivamos con amor.

Trabajar con la energía de Kali

A continuación presento una recopilación de verdades o mantras relacionados con la energía de Kali. Algunos de ellos son prácticos; otros, en cambio, han sido concebidos para que te conectes con tu espíritu.

Espiritual

Puedes esperar que Kali cambie tu vida espiritual de las siguientes formas:

- Provoca tu despertar para que abandones la ilusión de estar separada de tu Ser de diosa.
- Te acompaña de forma consistente y continua a lo largo de tu viaje espiritual.
- A pesar de desgarrar tu mundo, es en todo momento un pilar de fuerza inquebrantable.
- Te presiona para que te conviertas en la mujer más fuerte y poderosa que puedes llegar a ser.
- No permite que te rindas.
- Te revela tu profundidad y tu resiliencia interior.

- Saca a la luz tu propósito más profundo y hace desaparecer todo aquello que puede obnubilar tu visión.
- No tolera la resistencia, las excusas ni la evitación.
- No te ofrece respuestas, porque sabe que tú ya las posees.
- Cuando crees que ya has tenido suficiente, te muestra que todavía hay reservas de energía más profundas dentro de ti.
- Consigue que llegues a sentirte débil o agotada para que finalmente puedas abrirte a la Diosa.
- Te enseña a entregarte.
- Te da lecciones sucesivas de humildad.
- Te recuerda incesantemente que debes confiar en la voz de tu corazón y de tu alma.
- Te hace volver a tu propia y vasta profundidad y diversidad.
- Te enseña a no tener miedo del vacío y la soledad.
- Te abre la puerta para que te conectes con todas las otras diosas y guías sagradas que necesitas.
- Te impulsa a fusionarte con la Diosa, y no se detiene hasta que el trabajo haya concluido.

✫ Afirmación ✫

Pronuncia las siguientes afirmaciones diariamente (puedes pronunciarlas cada hora en épocas de gran agitación):

Me siento segura.
Mi cuerpo está a salvo, independientemente
de lo que yo pueda estar sintiendo.
Me siento apoyada por un universo amable, afectivo y generoso.
Fluyo con mi destino superior.
Confío en que mi alma tome decisiones
que me lleven a planos superiores.
Me siento segura, más allá de lo que esté
sucediendo a mi alrededor.

Todo esto también pasará.
De esta situación solo puede salir algo bueno.
El cambio es una parte de la naturaleza, es parte de mí misma.
Puedo hacer frente a todo lo que se presente en mi vida.
Cuando no puedo ver algo que está a la
vuelta de la esquina, sé que la
Diosa está allí, esperándome.
Para renacer a lo nuevo, lo viejo debe morir.
El cambio es seguro.

Consejos

A continuación ofrezco algunos consejos para gestionar todos los cambios que Kali trae a nuestra vida.

Sentimientos

Comparte tus sentimientos y experiencias únicamente con personas con las que te sientes emocionalmente segura y confías en que no te juzgarán, te criticarán ni te darán consejos preceptivos.

Economía

Si se están produciendo cambios en tu economía, pronuncia afirmaciones en las que manifiestes estar abierta a todas las fuentes y siempre dispuesta a recibir todo lo que necesitas.

Lo más probable es que estés limpiando viejas fuentes energéticas y creencias negativas relacionadas con el dinero. Puede ser que incluso tengas que comenzar de cero en cuestiones económicas, porque tu conciencia está cambiando y tu poder para manifestar se está volviendo a sintonizar.

Afirma constantemente que tienes todo lo que necesitas y toma nota de lo bueno que llega a tu vida, incluso de la manera más insignificante. Esta es una forma muy potente de reconocer conscientemente hasta qué punto la abundancia te apoya en cada momento. Kali puede hacerte atravesar una época difícil para que aprendas a apreciar todos los milagros de la vida, pero ¡apreciarlos de verdad!

Paciencia

Las lecciones y transformaciones que produce Kali pueden requerir muchos años de trabajo. Estás aprendiendo a ser paciente. Aunque creas que ya has aprendido la lección de la paciencia, Kali te pedirá que seas todavía más paciente. Algunos cambios suceden en un abrir y cerrar de ojos, y otros pueden tardar una eternidad. Recuerda que estás aprendiendo el divino arte de la paciencia.

Soledad

Si experimentas fases de profunda soledad y aislamiento, debes saber que esa es la forma que tiene Kali de limpiar tu apego a lo que ya no vibra con tu energía en movimiento.

Es posible que en este periodo muchas personas se alejen de ti. No te alarmes. Todos aquellos que tienen verdadera afinidad contigo y han sido enviados por la Diosa para apoyarte se quedarán a tu lado. Solo necesitas un pequeño círculo interior.

Es normal experimentar sentimientos de soledad mientras estás aprendiendo cómo volver a estar contigo misma, cómo regresar a tu propio hogar.

Esta es una época en la que debes dedicarte a *estar realmente* contigo misma.

Día a día

Toma cada día, cada hora, incluso cada minuto de uno en uno. Durante los periodos de realineación y cambios intensos, es importante aceptar que pasar el día ya es un logro monumental.

Repite la siguiente oración con la frecuencia que desees:

Kali, Madre Profunda del Cosmos,
te entrego el propósito de mi vida y mi
viaje de crecimiento del alma.
Utilízame como un recipiente divino para
tus dones de amor y sanación.
Libérame de todo lo que ya no necesito.
Muéstrame que mi espíritu es más grande que mi ego.
Ábreme al camino superior de la contribución a este planeta.
Guíame y permíteme renacer con tu amor infinito,
y recuérdame quién soy de verdad.

Recuerda que la vida te ofrece su apoyo en todo momento. Pasea por la naturaleza de forma regular y respira. Estira tu cuerpo, aunque solo sea durante unos minutos. Respira profunda y plenamente. Agradece todos los milagros que te rodean y cualquier cosa que poseas, por pequeña que sea.

Te has conectado con la energía de la diosa más intensa. En este viaje todavía encontrarás más fuego y truenos, pero ahora entraremos en un reino más gentil.

Capítulo 2

El templo de la Madre María

La invitación

Hay un silencio de muerte después de los efectos que ha producido en tu vida la llegada de Kali. Tu cabeza todavía está girando debido al torbellino que parece haber arrancado tus cimientos de cuajo, y tú te sientes extrañamente despojada de todo, como una rama en invierno.

Ya no ves ni rastro de Kali, porque su forma ha desaparecido de la vista. Todo lo que queda de ella es una estela brumosa de color negro azabache. El aire está impregnado del aroma de un cambio inminente. Pasas el peso de tu cuerpo de un pie al otro, temerosa de alejarte de tu sitio, y sin embargo ansiosa por saber qué es lo que va a suceder a continuación. Mientras llevas tu próxima respiración directamente hacia el vientre y llenas los pulmones, tal como Kali te ha enseñado, se produce un cambio súbito en la energía del lugar.

Para tu sorpresa, una presencia muy diferente emerge del círculo para dirigirse hacia ti. Este Ser Divino emana rayos con matices de los azules más claros que puedas imaginar: celeste, aguamarina, zafiro. Y ahora forman un manto de luz. El manto más suave y apacible que hayas visto jamás envuelve tus hombros, procurándote una enorme reafirmación.

Experimentas sensaciones de inmensa paz, inmensa calma e inmenso amor. Una visión sagrada de gracia femenina plena te es revelada. Tu rostro, previamente congelado, se sosiega y se relaja paulatinamente gracias a la ternura maternal de esta diosa radiante.
Ha venido para bendecir tus lágrimas. Ha venido para escucharte. Está aquí para darte permiso para llorar y sentir.
Eres una mujer de amor, y cada parte de ti merece ser amada.
Te encuentras ahora en el templo de la Madre María.

¿Quién es la Madre María?

Este arquetipo femenino sagrado es ampliamente conocido en todo el mundo, y una figura central de adoración en la fe cristiana. Los cristianos creen que fue una mujer judía de Galilea que vivió en el siglo I antes de Cristo y se convirtió en la madre virgen de Jesucristo. En los manuscritos originales del Nuevo Testamento su nombre aparece en arameo, Mariam, y fue traducido como Miriam o Mariam. También es conocida en la cristiandad como la bendita Virgen María, Santa María, la Madre de Dios, nuestra Reina y Señora de los cielos. En el islam es conocida como Maryam y considerada «la Elegida» y «la Purificada».

María ha sido venerada como la Diosa Madre a lo largo de toda la era cristiana, pero con el advenimiento de la Iglesia, el Estado y la profesión médica dirigidos por hombres la conexión de María con la adoración de la Diosa fue reprobada.

La Madre María siempre ha sido reverenciada como un símbolo de la Gran Madre, aun cuando el control de la doctrina religiosa y del estado patriarcal siempre intentó suprimir la devoción a la Diosa. La sabiduría matrística, no obstante, atribuye a la Madre María un conjunto de cualidades universalmente relevantes e incondicionalmente amorosas y sanadoras.

Los temas arquetípicos de la Madre María son los siguientes:

- El amor incondicional y el perdón.
- La conexión con nuestros sentimientos.
- La sanación a través de lágrimas liberadoras.
- La escucha compasiva.
- El cuidado y la sanación del niño/la niña interior.

El amor incondicional y el perdón

Este tema asociado al crecimiento espiritual probablemente requiera una práctica que durará toda la vida. La mayor parte de nuestro condicionamiento social nos ha enseñado a poner condiciones al dar amor, y no amar a las personas que nos decepcionan, nos hacen daño, nos despiertan rabia o no responden a nuestras expectativas. Esta afirmación también se relaciona intensamente con la forma en que *nos amamos* incondicionalmente *a nosotras mismas*. Solo podemos relacionarnos con los demás en el mismo nivel de sinceridad con que nos conectamos con nosotras mismas. Solo podemos intercambiar amor con los demás en la medida en que somos capaces de amarnos a nosotras mismas.

El amor incondicional significa
amar el espíritu de las personas,
y no su ego ni su personalidad.
Todos somos seres de amor inocentes.
Esta es una verdad sagrada.

Amar incondicionalmente no quiere decir tolerar o consentir una conducta dañina. Tampoco significa que hay que mantener una relación con una persona que te hace sufrir o que te ha hecho mucho daño en el pasado. Amar incondicionalmente significa conectarte con la verdad de que todos lo hacen lo mejor que pueden en cualquier circunstancia en particular, de acuerdo con el nivel de conciencia que cada uno tiene. Significa trabajar para tomar conciencia de que cuando no actuamos desde el amor, lo hacemos desde la necesidad de ser amadas y valoradas. Como se afirma en *Un curso de milagros*: «Todo lo que no es un acto de amor es una petición de amor».

Esta verdad nos ayuda a practicar el *perdón*, algo que es un arte en el proceso del desarrollo y crecimiento personal; la mayoría de las enseñanzas espirituales reconocen que la clave para gozar de una libertad, una felicidad y un bienestar duraderos es perdonarnos a nosotros mismos y a los demás.

La conexión con nuestros sentimientos

La esencia femenina está vinculada con el centro cardíaco, los sentimientos y las emociones de una forma directa y sin restricciones. Las mujeres con un alto grado de esencia femenina experimentan la energía emocional de forma semejante a los ritmos femeninos de la naturaleza: en oleadas, progresivos, con altibajos, cíclicos, repetitivos, estacionales, siempre cambiantes y algunas veces impredecibles.

La supresión masiva del sistema energético femenino ha dificultado todavía más que las mujeres se sientan cómodas expresando sus sentimientos y acepten sus mareas emocionales como una parte innata de su ser, que es sabia, sagrada y sanadora. Las mujeres a menudo son ridiculizadas y castigadas por ser exageradamente emocionales, y algunos siglos atrás incluso las ingresaban en instituciones cuando se consideraba que sus sentimientos eran descontrolados.

Una parte vital de la revalorización del espíritu femenino implica aceptar que el hecho de reconocer la importancia de nuestros sentimientos puede fomentar la sanación y el fortalecimiento espiritual. Cuando sanamos nuestras emociones, también comenzamos a soltar nuestra sombra, es decir, los aspectos negativos, que nos controlan y sabotean, y a los que tanto tememos. Esta es una parte esencial del trabajo de autodesarrollo del que nos ocuparemos en profundidad más adelante.

La Madre María alienta a las mujeres a conectarse con sus reservas emocionales más profundas para poder experimentar el poder transformador y purificador que tiene el trabajo de movilizar nuestros sentimientos y respirar.

La sanación a través de lágrimas liberadoras

La Madre María nos da permiso para llorar sin avergonzarnos ni disculparnos. Muchas mujeres llevan una pesada carga de lágrimas contenida en su cuerpo, corazón y alma. El mensaje dominante en nuestra civilización moderna es que llorar es un signo de debilidad, y que las lágrimas son inútiles y demasiado embarazosas para expresarlas abiertamente. De alguna manera, esta idea parece equipararse a la forma en que se interpreta la esencia femenina en su conjunto.

En la infancia a veces nos decían que no debíamos ser niñas lloronas, con la intención de detener las lágrimas que estábamos a punto de derramar. Pero ¿qué pasa con esa energía contenida? ¿A dónde va? Se dirige directamente hacia las células y los tejidos de nuestro cuerpo.

Creo que muchas dolencias físicas son el resultado de lágrimas reprimidas, particularmente las que afectan a los ojos, la frente, el pecho y los pulmones. Los senos frontales bloqueados son un síntoma de lágrimas contenidas. Los duelos no procesados se alojan en los pulmones y el pecho. Se requiere una enorme energía física para contener las emociones, razón por la cual el cansancio, el agotamiento o la falta de vitalidad a menudo se liberan en cuanto se expresan los sentimientos previamente sofocados.

La sanación a través de las lágrimas es una de las enseñanzas más importantes de lo Divino Femenino que nos transmite la Madre María. En este capítulo aprenderás cómo liberar las emociones contenidas de tristeza y dolor para que puedas abrirte a tu poder espiritual.

La escucha compasiva

La Madre María es una testigo compasiva fundamental del reino de lo Divino Femenino. ¿Qué significa esto? ¿Y de qué manera es importante para la sanación emocional y espiritual? Escuchar con compasión a otra persona significa cumplir una función por la que se honra y reconoce su sufrimiento, sin albergar la intención de rescatarla de sus penosos sentimientos. Escuchar compasivamente su padecimiento significa estar presente en sus experiencias, sin pretender intervenir en ellas, disuadirla de sus opiniones o sentimientos ni encontrar una solución a sus problemas.

En un nivel emocional, ser considerada, escuchada, aceptada y valorada es muy sanador para la esencia femenina. El sistema energético masculino busca erradicar los sentimientos conflictivos o confusos mediante la resolución, la racionalización o la compartimentación. Afrontar las emociones femeninas desde esta perspectiva (a pesar de las buenas intenciones) puede hacer que una mujer se encierre en sí misma.

Las mujeres generalmente sienten mucho alivio y paz interior cuando alguien escucha sus emociones con amor y las ayuda a reflexionar sobre ellas. En esta situación se sienten profundamente valoradas, y esto a su vez les permite acceder a sus recursos interiores.

A menudo eso sucede al hacer una psicoterapia profesional, pero también en otros espacios de sanación donde sentimos que nos escuchan con compasión. También podemos incluir esta práctica en nuestra propia vida, con los amigos y la familia. Y lo que es más importante, podemos aprender a escucharnos a nosotros mismos compasivamente.

El cuidado y la sanación del niño/la niña interior

La Madre María representa a una Madre Divina de la humanidad y de la Tierra, y nos hace tomar conciencia de nuestra «niña interior», un concepto que ha sido ampliamente desarrollado y utilizado en la psicología analítica y popular. El niño/la niña interior es un arquetipo clave que han analizado eruditos como el psicólogo Carl Jung y la maestra espiritual Caroline Myss.

Nuestro niño interior es el «ser original» que ha absorbido todo lo que sucedía a nuestro alrededor durante la infancia. El niño interior es como otro ser inconsciente que puede vivir a través de nosotros y dirigirnos cuando somos adultos. Si nuestro niño interior ha sido herido o dañado, si le han hablado de forma negativa o crítica, puede ser muy sanador ocuparse activamente de los efectos que ese trauma ha producido en su vida.

Hay muchas cosas que pueden hacerse como trabajo personal y que pueden ser muy terapéuticas para sanar a nuestro niño interior. Muchos grupos de autoayuda que trabajan con adicciones, abusos y traumas consideran que sanar al niño interior es una de las etapas más importantes del proceso.

Actualmente, ya es ampliamente reconocido que el uso de afirmaciones es beneficioso para sanar los aspectos heridos de nuestro niño interior. La visionaria Louise Hay fue una pionera en la defensa del uso de las *afirmaciones positivas para revertir los efectos de las creencias negativas* y las autocríticas restrictivas que nuestro niño interior interiorizó en épocas tempranas de su vida.

A lo largo de este libro encontrarás afirmaciones de sanación como un testimonio de su poder para cambiar las percepciones negativas que nos han inculcado y con las que nos limitamos a nosotras mismas.

El toque de la Madre María

La Madre María es la quintaesencia del cuidado y el amor incondicional, y es la figura que valida lo Divino Femenino. Su llegada anuncia un periodo a lo largo del cual *descubriremos maestros, terapeutas y mentores que apoyarán el crecimiento de nuestra alma femenina.*

Cuando encontramos personas que nos facilitan un espacio para expresar nuestras emociones sin tener la menor intención de hacernos sentir mejor instantáneamente ni de liberarnos de nuestro sufrimiento, tenemos una oportunidad para sanarnos en profundidad. Esos facilitadores (a menudo mujeres, aunque no en todos los casos) son enviados por la Madre María para crear una atmósfera de confianza y seguridad emocional, y ofrecernos un amor y una escucha incondicionales y exentos de juicios. La Madre María reconoce nuestra enorme necesidad de que alguien vea, escuche y acepte nuestras emociones, para poder aceptarlas tal como son y reflexionar sobre ellas.

Cuando la Madre María toca nuestra vida con su luz divina de color azul y activa el manto de la protección maternal sobre nuestra aura, las figuras de apoyo emocional que son perfectas para nosotras aparecen en el preciso momento en que más las necesitamos, como si fuera un milagro.

«Mujer, tus lágrimas sanarán el mundo»

La Madre María sabe que tu corazón alberga muchas lágrimas no derramadas. Sabe que por el hecho de haber contenido estas lágrimas durante muchos años llevas una carga pesada a tus espaldas que ya no puedes arrastrar más. Con su ternura y su sabiduría maternal, aparece en tu vida para decirte que ha llegado el momento de recordar cómo puedes liberarte de esa carga.

La Madre María almacena los recuerdos de todas tus vidas pasadas y sabe lo empático, amoroso, tierno y sabio que ha llegado a ser tu corazón. Sabe también que los efectos de un entorno principalmente masculino han devastado el antiguo conocimiento sagrado de tu alma femenina. Y además sabe que tal vez desconozcas cómo puedes deshacerte del sufrimiento que has acumulado en tu corazón.

Y aunque no sientas el duelo ni la tristeza, aunque los hayas apartado de tu conciencia o te hayas encerrado en una tumba de gris depresión, de cualquier modo puedes aprender a liberarlos y procesarlos. Si las lágrimas no derramadas son como una masa enorme de desesperación y agotamiento que oprime tu pecho y el resto de tu cuerpo, serás conducida hacia espacios que son perfectos para que puedas expresar tus sentimientos. Serás guiada a través del proceso de sanación emocional paso a paso y a un ritmo que será adecuado para ti.

Uno de los mensajes divinos más profundos que jamás he recibido sobre el tema de *derramar lágrimas como una vía para recuperar la auténtica alma femenina* me lo transmitió la Madre María. En algún punto de tu proceso, la Madre María decidirá que ha llegado el momento para ti de sumergirte en una poza de aguas sagradas. Estas aguas te bañarán y te liberarán de tu sufrimiento emocional calcificado.

Hace muchos años la Madre María compartió este mensaje a través de mí cuando estaba al frente de un círculo de mujeres en mi propia casa y nos ofreció la siguiente meditación, que puede activar un camino de profunda sanación emocional para ti.

☆ Meditación ☆
Liberar las lágrimas

Puedes practicar esta meditación leyéndola por etapas, y luego deteniéndote para sentir la energía y visualizarla, o grabándola.

1. Encuentra un sitio donde puedas sentarte cómodamente con la columna vertebral apoyada; aunque también puedes tumbarte. Asegúrate de que nadie te molestará durante al menos treinta minutos. Respira varias veces suavemente llevando el aire al pecho y relájate. No hagas ningún esfuerzo, limítate a sentir cómo empiezas a aquietarte y relajarte.

2. Visualízate en una serena esfera de luz azul. Es la luz de la Madre María. Esa luz protege tu aura. A medida que la Madre María se acerca, siente cómo te abres y te relajas cada vez más. Sientes confianza y mucha seguridad.

3. Observa cómo se siente tu cuerpo y cuáles son tus emociones. Quizás experimentes algunas sensaciones físicas; esa es la forma que tiene tu cuerpo de demostrarte en qué parte estás reteniendo cargas emocionales. Quizás notes que estás a punto de llorar, o que tu pecho y tu garganta están tensos por las lágrimas contenidas. Abandónate y deja que pase lo que tenga que pasar, sin juzgarlo. Ha llegado el momento de tu sanación. Puedes dejar fluir tus lágrimas con toda tranquilidad; estás en un espacio seguro.

4. La Madre María está ahora muy cerca de ti. Está presente en un nivel de realidad que es diferente al de la habitación en la que te encuentras físicamente. Está abriendo los planos espirituales para que puedas acceder a nuevas áreas de conciencia. Esto es completamente seguro.

5. La Madre María prepara ahora tu aura vertiendo aguas sagradas de color azul profundo sobre tu chakra coronario (uno de los siete centros energéticos vitales de tu cuerpo espiritual). Estas aguas de color azul profundo fluyen a través de cada chakra, uno tras otro, irradiando una luz pura hacia todo tu ser.

6. Estás abriéndote a la liberación emocional. Estás sintonizándote con la sanación que tu cuerpo y tu alma femeninos anhelan desde hace tiempo. La Madre María está contigo en todo momento.

7. Eres conducida hacia el borde de una poza de aguas sagradas. La Madre María te ha invitado a detenerte durante unos instantes. Sin embargo, puedes permanecer allí todo lo que desees.

8. Cuando estés preparada, la Madre María te tomará de la mano y te llevará suavemente hacia las aguas que brillan con un amor y una luz divina radiantes. Y tú dejarás que las aguas acaricien y laman tu cuerpo. Cuanto más profundamente te sumerjas en esas aguas, más dispuesta estarás a

liberarte de tus emociones enterradas en lo más profundo de tu ser. Adéntrate en esta poza solo hasta donde te sientas cómoda y segura. Asegúrate de hacer pausas para absorber completamente el apoyo divino que hay allí para ti. Si ahora estás llorando, observa tus lágrimas fluir hacia las aguas para desaparecer para siempre.

9. La Madre María le habla directamente a tu corazón:

Mujer, tus lágrimas sanarán el mundo. Te estás liberando de miles de años de emociones femeninas suprimidas. Estás llorando por tu propia sanación y transformación. Estás llorando por las mujeres del mundo, las que están vivas y las que no lo están. Estás llorando por la desconsolada psique femenina colectiva. Gracias por tus lágrimas. Les otorgaré el sacramento y las bendeciré eternamente. Puedes dejar ir este dolor. Ya no forma parte de tu campo energético. Mientras dejas que tus lágrimas fluyan, te liberas de pesadas cargas y abres canales profundos de sabiduría femenina. Nunca sientas miedo ni vergüenza por tus lágrimas. Tienen una energía sabia y un propósito sagrado. Y llegan cuando son necesarias.

10. La Madre María te baña ahora en las aguas sagradas y bendice tu camino. Te guía para que vuelvas al borde de la poza y te sientes durante unos instantes en contemplación o sigas llorando si es lo que deseas.

11. Echa su manto de color azul vibrante sobre tus hombros y reafirma la seguridad e integridad eternas de tu alma. Te muestra un camino que se abre ante ti bajo una potente luz, fuerza interior, autoconciencia y una belleza y un poder florecientes.

12. Respira varias veces profundamente cuando te sientas preparada para concluir tu meditación. Poco a poco, toma conciencia del espacio físico en el que te encuentras y vuelve a

conectarte con tu cuerpo y con la Tierra, imaginando que de tus pies salen raíces que te conectan con la Madre Gaia. Tómate tu tiempo para retornar a la habitación física en la que te encuentras.

La Madre María es una sanadora emocional

A muchas mujeres les aterra la mera idea de expresar sus sentimientos de tristeza, decepción y duelo. Socialmente, el hecho de derramar lágrimas que nacen de la emoción ha llegado a significar que una mujer se ha quebrado y no consigue afrontar sus circunstancias vitales. Nuestras sociedades actuales tienden a rechazar los signos de vulnerabilidad, o de crudeza, de una mujer. Su caos interno se considera algo desagradable en el mejor de los casos, y peligroso en el peor. La función de la Madre María es contrarrestar esa representación errónea y dañina, y despertar a las mujeres para que acepten la belleza y el carácter sagrado del acto de expresar la propia vulnerabilidad.

Contener las lágrimas desencadenadas por las emociones puede tener un impacto muy negativo en el bienestar de las mujeres. Retener sentimientos intensos sin permitir su liberación catártica puede representar una carga muy pesada, tanto a nivel mental como físico. Se requiere una enorme cantidad de energía para mantener las emociones reprimidas. A menudo me pregunto si en el origen de la fatiga crónica y la depresión no hay grandes cantidades de lágrimas no derramadas.

Estudios médicos han demostrado que las lágrimas emocionales contienen sustancias tóxicas, como por ejemplo hormonas del estrés. Llorar también estimula la producción de endorfinas, los analgésicos naturales del cuerpo, y de las hormonas del bienestar.

Sanar nuestro lado oscuro

Nuestro lado oscuro es, para decirlo de manera muy simple, nuestra parte inconsciente. Un poco más adelante nos ocuparemos de la sombra femenina. Si no tomamos conciencia de nuestro lado oscuro, este puede sabotear nuestras vidas y conseguir que nada funcione bien. La psicoterapia y la psicología profunda incluyen el trabajo con la sombra, como también lo hacen muchos otros tipos de terapias.

Procesar las emociones y expresarlas en espacios que nos ofrecen seguridad puede contribuir a sanar la sombra. Cuando tenemos la sensación de que alguien está escuchando con detenimiento nuestros sentimientos más negativos o desesperanzados, es más fácil que atraviesen nuestra conciencia, en lugar de quedarse incrustados en la sombra inconsciente.

Esta es una forma de hacernos cargo de nuestros sentimientos más oscuros y previamente repudiados, y puede ayudarnos a no proyectar sobre los demás dichos sentimientos no sanados (que es lo que la sombra hace cuando no quiere afrontar el dolor). *Si se nos concede permiso para sentir lo que realmente sentimos con total seguridad* y nos guían para realizar un proceso de sanación emocional, nuestros sentimientos más oscuros ya no tendrán el control de nuestra vida.

Conectarnos con nuestros sentimientos más recónditos puede limpiar la conciencia en un nivel muy profundo, y también puede ayudarnos a no reaccionar, a no ser agresivas ni estar a la defensiva, a no herir de forma intencionada a otras personas. En otras palabras, sanar nuestras emociones es un paso que nos permite empoderarnos y despertar, y que reduce en gran medida la supremacía inconsciente del lado oscuro de nuestro Ser.

Sanar la psique femenina colectiva

Como ya ha sugerido la Madre María, derramar lágrimas personales es una forma de sanar a todo el planeta. Todo el universo está conectado: no estamos separadas de lo que sucede en el mundo que nos rodea. Somos una parte integral de la conciencia colectiva. Cuando trabajamos con nosotras mismas y nos sanamos desde el interior, estamos contribuyendo directamente a una sanación colectiva más amplia. Lo que sucede dentro, sucede fuera, como se suele decir. Cuando la mujer individual se sana a sí misma, también puede sanar la esencia femenina colectiva.

La Madre María dice:

Mientras sanamos nuestras heridas,
emergiendo de la despiadada separación de la
confianza en lo femenino ancestral, facilitamos que
la Tierra se recupere y vuelva a equilibrarse.

También enviamos un mensaje psíquico de inspiración a todas las mujeres del planeta que viven su vida con el cuerpo, el alma y el corazón heridos. A través de nuestro trabajo facilitamos que el poder de la psique femenina sea asertivo y efectivo a la hora de generar un cambio positivo para todos los aspectos de la condición femenina (y de lo Sagrado Femenino).

De qué forma la Madre María me ayudó a sanar

El templo de la Madre María ha sido absolutamente fundamental en mi viaje vital. De hecho, no estoy segura de cómo hubiera podido sobrevivir, y pasar de aquel estado miserable a otro próspero, de no haber contado con su particular forma de ofrecerme un apoyo terapéutico que me permitió conectarme con mis sentimientos y cuidar a mi niña interior.

Voy a retrotraerme al año 2001, hasta un momento en el que llegó a mi vida una mujer que habría de brindarme un apoyo inestimable para aquellos cambios interiores radicales que se estaban produciendo de una manera que jamás hubiera podido imaginar.

Estaba en el primer trimestre de mi embarazo de mi segunda hija cuando una mañana de pronto me sentí atraída hacia un cartel que anunciaba un evento en el que se exhibirían productos para bebés de una marca muy conocida. No solía sentir curiosidad por ese tipo de cosas; sin embargo, un fuerte impulso me condujo hasta allí.

Entré en el salón donde se celebraba el evento y durante unos instantes deambulé sin propósito alguno entre las estanterías donde se exhibían la ropa para bebés, los artículos para el embarazo y el nacimiento, los sacaleches y los cochecitos. Recuerdo haber pensado: «Simplemente voy a dar una vuelta y luego vuelvo a casa. Era una salida muy poco estimulante». Estaba a punto de marcharme cuando me llamó la atención uno de los últimos puestos.

Detrás de una mesa con unos pocos folletos vi a una mujer sentada que despertó mi interés. Parecía estar bastante fuera de lugar en aquel recinto. Había algo diferente en ella. Resultó que era una asistente de partos y de nacimiento extático.* Intercambiamos algunas palabras y tomé uno de los folletos.

Unas semanas más tarde la llamé, y hablé con Pat por primera vez. Lo que sentí mientras hablábamos fue algo completamente diferente a lo que había experimentado con anterioridad, incluso con mi psicoterapeuta, a quien veía de forma regular. Creo que fue la combinación de palabras que utilizó, el increíble amor incondicional que reflejaba su voz, y su capacidad para captar algo esencial de mi ser en apenas diez minutos de conversación.

Le pedí una cita. Aquella fue la primera de una serie de sesiones denominadas nacimiento extático a las que asistí para prepararme holística y terapéuticamente para el nacimiento de mi segunda hija. Tenía un gran trauma por no haber dado a luz a mi primera hija en casa, sin fármacos y con la mínima intervención médica posible, algo que había deseado con vehemencia.

---

* Movimiento, al que recientemente se han adherido algunos profesionales de la medicina, que defiende la teoría de que sin intervención artificial, el alumbramiento puede ser tan placentero como el momento de la concepción, incluso orgásmico.

Pat se había formado en un tipo de terapia denominada SOUR-CE Breathwork (Respiración de la FUENTE), introducida por Binnie A. Dansby. Binnie fue una de las primeras personas en trabajar con Leonard Orr, el fundador de la Terapia del Renacimiento (*Rebirthing*), en la Costa Este de los Estados Unidos. Esta técnica utiliza la «respiración conectada» para sacar partido de los procesos sanadores de la respiración. La respiración consciente conectada puede ayudar a acceder a recuerdos de nuestro propio nacimiento, traumas y emociones enterrados y almacenados en las células.

Desde el momento en que abrió la puerta de su apartamento por primera vez, sentí que había llegado a casa, en el más amplio sentido de la palabra.

Un radiante día de verano subí los escalones de piedra y me encontré con esa mujer de ojos brillantes e iluminados, llena de amor incondicional y aceptación. Sus brazos estaban tan abiertos que podía sujetar todo lo que hay en el universo. Y yo no tardaría en descubrir la verdad que había en todo eso.

Me abrazó, y en ese mismo momento rompí a llorar. Ella se limitó a decir: «Sí, sí, sí», y pude sentir cómo respiraba profundamente. Pat me comprendió al instante.

Fue la primera persona con la que me sentí lo suficientemente segura como para mostrar toda mi pena. Uno de los patrones que había desarrollado en mi temprana infancia era la sensación de que nadie quería ver el dolor inmenso que había dentro de mí ni ocuparse de él. Y yo consideraba que eso era positivo para mí, y también para todos los que me rodeaban.

Sentada en la consulta de Pat, rodeada de plantas y del perfume a madera del incienso Nag Campa, vertí las primeras lágrimas de emoción desgarradora que había contenido durante más de veinte años. Para situar este dato en su contexto, debo decir que cuando era muy joven había llorado sola en mi habitación, en compañía de mis amigas y ocasionalmente con mi padre, pero nunca me había desahogado por completo. Llorar en un espacio sagrado, sintiéndome protegida y escuchada con compasión, era algo muy diferente.

Antes de conocer a Pat había hecho terapia durante alrededor de dos años. Fue un paso enorme para mí comenzar a descubrir la resistencia que tenía a conectarme con mis sentimientos y reconocer los dramas que había creado en mi vida debido a patrones inconscientes. En la consulta de mi psicoterapeuta no había derramado ni una sola lágrima, ¡ni una sola! Evidentemente todavía no estaba dispuesta a bajar mis defensas y abrir las compuertas. De algún modo aún seguía encubriendo mis sentimientos, incluso ante mi terapeuta. En aquella etapa no estaba todavía preparada para empezar a llorar.

Solemos manifestar y crear todo aquello para lo que estamos preparados, incluso aunque nuestra mente nos diga otra cosa o desee acelerar el proceso de nuestro corazón.

En presencia de Pat, el universo había conspirado para ofrecerme precisamente la sanación emocional que mi alma pedía a gritos. Podía anticipar el coraje que iba a necesitar para dejar que mis sentimientos más reprimidos afloraran a la superficie durante las sesiones en las que trabajamos con la respiración, y más adelante en el trabajo grupal en el que participé.

Durante una de nuestras primeras sesiones Pat me dijo: «Tienes un océano de lágrimas dentro de ti».

En ese momento *sentí* realmente que eso era verdad, y esta percepción cambió totalmente mi vida. Pat tenía una nobleza intuitiva que sin lugar a dudas surgía de los arquetipos de «mujer sabia» con un desarrollo espiritual superior. Era como una vidente, una vidente sabia que era sanadora y comadrona al mismo tiempo. Tenía la habilidad de elegir palabras que penetraban directamente hasta el núcleo de mí misma y de ver la verdad espiritual de mi verdadero ser con una perspicacia asombrosa.

También sabía que para movilizarme a través de las montañas de tristeza, abandono, pánico, rabia y todo lo que se había acumulado dentro de mí y deambulaba alrededor de mis células, tenía que llorar. Y tenía que llorar *mucho*.

Liberar mis lágrimas en compañía de Pat fue algo que de ninguna manera podía compararse con llorar a solas o en compañía de mis amigas. Como es evidente, Pat era una terapeuta experimentada y fue capaz de guiarme con sensibilidad y conocimiento para que atravesara mi resistencia. Me ayudó a realizar un trabajo respiratorio muy profundo, gracias al cual conseguí eludir mi intelecto y dejar que mi respiración llevara a cabo su trabajo liberador en mi cuerpo.

Una de las razones por las cuales la terapia basada *exclusivamente* en hablar era limitada para mí fue que tenía mucha práctica en esquivar mis sentimientos mediante una buena conversación. Podía sofocar mis emociones hablando de ellas, básicamente desde un espacio mental masculino, y racionalizando mis sentimientos y experiencias en lugar de *sentirlos*.

Como la Madre María nos ha dicho, las emociones y las lágrimas son portadoras de la sabiduría femenina sagrada, e intrínsecamente sanadoras. Cuando ella nos guía hacia la poza sagrada, se manifiestan espacios donde podemos explorar nuestras emociones de una manera totalmente segura y con un apoyo de alta calidad.

En cuanto a mí, yo estaba tan intimidada por el alcance de mis sentimientos que sentía que me consumirían si los dejaba aflorar a la superficie. Había interiorizado la creencia de que mis sentimientos y emociones resultaban intolerables para cualquier persona, y también para el mundo. En un determinado momento llegué a temer que la intensidad de mis emociones llegara a destruirme, o incluso matarme, si me animaba a expresarlas.

En el santuario de mis sesiones con Pat, pude liberar gradualmente lo que me parecían eones de emociones bloqueadas y censuradas. Utilizando mi respiración para acceder a donde mi mente no podía llegar, descubrí universos llenos de angustia y aflicción contenidas, que había mantenido cerrados con candado. Lloré, gemí, me lamenté y dejé que mis emociones me abrieran. Y lo hice dentro del receptáculo seguro que para mí representaba la sesión de dos horas con Pat y los límites profesionales de la relación con mi terapeuta. Descubrí que mis sentimientos no eran tan peligrosos para mí ni para el mundo. Con ella me sentía segura.

Experimenté toda la gama de colores de mi resistencia a dejar fluir mis sentimientos y emociones a través de mi cuerpo y a transmutarme en los brazos de los ángeles. Todo eso me resultaba aterrador cada vez que me tumbaba en el diván para empezar a respirar. Pero lo conseguí gracias al apoyo y a la motivación de Pat. Más tarde pasé a una nueva fase y participé en un numeroso grupo terapéutico que Pat organizó durante un periodo de dos años y que se reunía una vez al mes.

Durante esos talleres grupales, nos sentábamos en círculo y compartíamos nuestras vivencias por turno. Durante los primeros meses no me animé a pronunciar ni una sola palabra. Cuando me tocaba hablar a mí, prácticamente lo único que hacía era llorar. Sin embargo, poco a poco empecé a sentirme cada vez más empoderada en aquellas sesiones grupales y sentí que comenzaban a producirse grandes cambios en mi interior.

Las emociones son energía

Considera por un momento qué es lo que sientes cuando notas que las lágrimas se acumulan en tu pecho y tu garganta, y parecen suplicarte que las liberes. Esa sensación es algo parecido a tener una gran presión en el interior de los pulmones y una opresión en la garganta. Esto se debe a que las emociones son energía que se mueve a través de los canales somáticos.

En el reino de la sanación femenina es necesario honrar la energía emocional y confiar en su inteligencia divina. Piensa en el enorme control interior que se requiere para contener la energía de las lágrimas cuando intentas desesperadamente no llorar. Muchas personas hacen precisamente eso cada vez que están al borde del llanto. Pero ¿a dónde va a parar esa energía reprimida? Se acumula en los canales de tu cuerpo físico y espiritual y los bloquea. Obstruye los canales en todos los niveles orgánicos y no desaparece por sí misma. La energía siempre encuentra una forma de hacerse escuchar, incluso aunque tú no la reconozcas, y suele hacerlo a través de signos y síntomas físicos.

Confianza y sanación emocional

Para que puedas expresar tu energía emocional sin albergar temor alguno, es imperativo que tengas una relación de confianza con las personas que te ofrecen espacio para hacerlo. En el trabajo que realizamos sentadas en círculo en los retiros, observo que las mujeres responden de inmediato cuando se les ofrece un entorno seguro en el que sus emociones y sentimientos son bienvenidos. Algo en lo más profundo de su interior reconoce que pueden tener la confianza suficiente como para liberarse de ellos. Esto es muy sanador, y en ocasiones sucede que las mujeres necesitan llorar en el círculo a lo largo de todo el retiro. Más tarde manifiestan que han experimentado un cambio significativo.

A menudo las escucho decir: «Me da miedo dejarme ir, porque si empiezo a llorar creo que no voy a parar nunca». Hay una gran ansiedad asociada a ser engullida, o incluso consumida, por el fluir de lágrimas. La posibilidad de compartir todo esto nos muestra que:

*La psique sagrada femenina es sabia y sabe
lo que se necesita para su sanación.*

La sabiduría de la Diosa, tanto a nivel colectivo como individual, ha sido reprimida e interpretada de manera errónea durante tanto tiempo que nos hemos olvidado de la sabiduría autosanadora innata que las mujeres poseemos. Si le ofreces a una mujer las condiciones y el apoyo adecuados para que procese sus emociones, y lo combinas con la guía Divina de la Diosa, ya no será indulgente consigo misma ni se perderá en un llanto excesivo para liberarse de viejos sufrimientos. *Atravesará todas las etapas que necesita para limpiarse.* **Es posible confiar en ella para que se haga cargo de su propia sanación.** Como es obvio, las amigas, los mentores y los terapeutas también pueden ayudarla a confiar en este proceso.

Una vez que haya derramado lágrimas, llegará el tiempo de avanzar. Sin embargo, los ciclos de las mujeres vienen y van, y luego retornan otra vez. Yo sigo derramando lágrimas. También reconozco que durante aquellos años de intensa liberación emocional tuvo lugar una purga excepcional. Crear espacio para que se produjera esa liberación me ha proporcionado una enorme libertad personal y espiritual.

Trabajar con la energía de la Madre María

He aquí una recopilación de verdades o mantras relacionados con la energía de la Madre María. Algunos de ellos son prácticos; otros, en cambio, han sido concebidos para que te conectes con tu espíritu.

Espiritual

Utiliza las siguientes afirmaciones para apoyar la sanación de la Madre María:

- «Me aporta seguridad conectarme con todos mis sentimientos».
- «Todos mis sentimientos son seguros y bienvenidos».
- «Mis emociones son una parte sabia y vital de mi propia persona».

- «Mis sentimientos cuentan».
- «Cuando estoy preparada, manifiesto el apoyo perfecto para la sanación emocional».
- «Mi Ser femenino superior conoce el modo perfecto de sanar».
- «Si honro mis sentimientos, otras personas también lo harán».
- «Mi niña interior está a salvo y segura en todo momento».
- «Escucho la necesidad que tiene mi niña interior de que le brinden seguridad, y se la ofrezco con total libertad».

✩ Visualización del perdón ✩

Visualiza el manto azul de la Madre María que te envuelve con su amor incondicional. Siente Su Gracia espiritual que abre tu corazón. Ella te ama sin condiciones y te perdona por todo lo que has hecho. Toma nota de los momentos en los que te castigas a ti misma o de las circunstancias en las que te privas de amor. Pronuncia mentalmente o en voz alta la siguiente afirmación: «Estoy dando lo mejor de mí. Soy una niña inocente llena de amor. Me perdono a mí misma por todas mis equivocaciones». Siente la luz que la Madre María irradia hacia tu corazón, disolviendo tu tendencia a no perdonar.

Haz el mismo ejercicio una vez más, pero en esta ocasión en lugar de pensar en ti misma, piensa en una persona que te suscite resentimiento o culpa, o que te haya hecho daño. Ahora observa en qué momentos la has castigado o le has negado tu amor. Pronuncia la afirmación utilizando su nombre. Pídele a la Madre María que te ayude a perdonarla en el plano espiritual. Esa persona no tiene por qué gustarte, ni tampoco tienes que consentir ni tolerar sus acciones. La intención de amar disuelve la amargura, la culpa y las presiones del resentimiento. Este ejercicio no solamente te liberará a ti, sino también a la otra persona.

Busca apoyo profesional

Si fuera necesario, consulta con un terapeuta profesional, un consejero espiritual o un médico para que te ayude a procesar tus emociones. Los grupos de apoyo también pueden ser muy útiles. Recibir ayuda de un profesional y al mismo tiempo invocar la energía de la Diosa es una combinación muy potente.

✵ Conecta con tu niña interior ✵

Imagínate a ti misma como una niña pequeña. Siéntala en tu regazo, abrázala y acaríciala. Compórtate como una madre que la ama de forma incondicional. Pregúntale qué es lo que necesita para sentirse segura y amada. Dile que nunca la abandonarás. Comunícale que lo está haciendo muy bien, y que es maravillosa. Escúchala regularmente y recuérdale que está sostenida por los brazos del amor.

Ahora ya estás conectada con la diosa de la sanación emocional. Este será un proceso intenso y revelador, y necesitarás muchos cuidados amorosos. La siguiente diosa en llegar a tu vida te los ofrecerá en abundancia.

Capítulo 3

El templo de Kuan Yin

La invitación

Estás sentada sobre la tierra fresca, envuelta en un suave chal de algodón de color azul aciano. Sientes tu cuerpo temblar ligeramente y te envuelves un poco más, consciente de las marcas que las lágrimas han dejado en tus mejillas y de la crudeza de tu corazón.

Una brisa suave como la seda acaricia tu rostro. Apenas puedes distinguir el círculo de figuras que se ha mantenido inmóvil desde que has llegado. Te sientes apoyada, aunque gran parte de ti todavía se siente frágil e inestable.

Estás satisfecha simplemente porque en este momento estás sentada, descansando y procesando, acompañada por un cielo agradable y sostenida por el paisaje que te rodea. Es como si una dura capa se hubiera liberado de tu cuerpo. Te sientes más conectada con la naturaleza, fluyes hacia el interior de tu ser y estás receptiva al aliento de la vida.

Tu corazón palpita mientras descansas, rebosante de sentimientos, y tomas conciencia de una suave fragancia que impregna el aire. Este aroma se torna cada vez más intenso y embriagador cuando una tercera emanación de la luz de lo Divino Femenino abandona el círculo para dirigirse hacia ti.

*Los colores más gloriosos estallan frente a tus ojos de un modo especta-
cular: los matices más exquisitos de color melocotón, coral, mandarina,
albaricoque y un sutil tono rosado. Es como si el amanecer o el atardecer
de tus sueños más salvajes se hubiera manifestado a través de una visión
de la majestuosidad femenina. Una exquisita fragancia de flores de loto
empapa tus sentidos, cautivando delicadamente tu corazón.*

*La diosa que acaba de hacerse presente ha sido enviada para propor-
cionarte los inmensos cuidados que tu corazón, cuerpo y alma necesitan
para sanar; es la diosa que ha escuchado tus lágrimas.*

*Ha llegado el momento de que recuerdes cómo recibir. Recibir cuidados
amorosos y generosos, nutrición y también un toque amoroso y sanador
para tu hermoso cuerpo.*

Te encuentras ahora en el interior del templo de Kuan Yin.

¿Quién es Kuan Yin?

Kuan Yin es la adorada diosa de Oriente cuyo nombre significa
«la que escucha el llanto del mundo». Es muy venerada en el budismo asiático oriental como una *bodhitsattva* de infinita compasión.
Los **bodhisattvas** son figuras nobles que pertenecen al budismo
mahayana y que han hecho votos especiales para renunciar a su iluminación individual con el propósito de colaborar en el despertar
de todos los seres del mundo.

En la China tradicional, su nombre completo es Guan Shi Yin;
en Japón se la conoce como Kannon. También es adorada por los
taoístas como un ser inmortal y conocida como la diosa de la mi-
sericordia. Ha habido muchos vínculos entre la Virgen María (Madre María) y Kuan Yin, principalmente debido a sus cualidades de
compasión y clemencia.

La leyenda china afirma que Kuan Yin vivió originalmente
como una princesa de nombre Maio Shan, que fue señalada desde
temprana edad por ser diferente debido a sus gustos simples y su
devoto servicio a los necesitados y los enfermos. La princesa fue

tiranizada por su padre, quien no toleraba su deseo de vivir en oración y en silencio, y que la repudió por haber abandonado el palacio para vivir en un monasterio. El rey estaba tan enfadado con su hija por haber dado la espalda a sus deseos que ordenó su ejecución.

No obstante, en el momento en que Maio Shan estaba a punto de ser ejecutada, apareció un enorme tigre que colocó en su boca el melocotón de la inmortalidad. La princesa terrenal emergió hacia los reinos divinos y de inmediato se transformó en una diosa. A partir de ese momento se convirtió en Kuan Yin, y su cuerpo espiritual protegió eternamente la Tierra con sus mil brazos y sus mil ojos.

La diosa de la bondad tiene la misión de reverenciar el cuerpo y el alma femeninos. Esta es una sanación de gran importancia, que repara los juicios y mensajes negativos sobre los cuerpos femeninos que comenzaron a imperar a medida que las culturas centradas en la Diosa eran destruidas.

Los temas arquetípicos de Kuan Yin son los siguientes:

- La compasión, la bondad y la ternura.
- Abrirse para recibir.
- La nutrición.
- El cuerpo femenino.
- El toque amoroso y sanador.

La compasión, la bondad y la ternura

Kuan Yin está más interesada por ayudarte que por practicar estas cualidades en el interior de tu ser: su atención se centra en cuidarte y nutrirte. *Es portadora de la bondad y la generosidad con uno mismo, como una joya de sanación que está en el corazón del despertar de lo Divino Femenino.* Hoy en día, se insta a las mujeres a juzgarse con dureza, a sentir la necesidad constante de mejorar, a considerar que nunca son lo suficientemente buenas, a competir con otras mujeres por el mérito, y a compararse principalmente con los modelos masculinos de éxito.

No obstante, por fin ha llegado el momento de remediar esta tendencia extremadamente destructiva. Y eso comienza con la forma en que practicas la compasión contigo misma y con las demás mujeres. Este es un bálsamo sanador que suaviza las amargas heridas que produce la autocrítica, los daños que tú misma te infliges y el autodesprecio.

Abrirse para recibir

Recibir es un elemento clave del principio femenino. Muchas mujeres experimentan intensas reacciones internas ante la perspectiva de recibir, *simplemente recibir* amor, cuidados, amabilidad, relajación y placer. Es algo que la mayoría de nosotras necesitamos practicar porque nuestro condicionamiento social no nos ha permitido reconocer que nuestra *naturaleza dadora* termina por agotarse si no subsanamos nuestro equilibrio interior.

Las mujeres no suelen tomar conciencia de su esplendor innato sagrado ni de que su propio ser es luz en sí mismo. Si no saben cómo recibir, esta verdad queda oculta. Estas mujeres se dedican exclusivamente a dar, hacer, controlar y pensar de una forma exagerada y masculinizarse, porque consideran que la energía femenina no es suficiente, y en consecuencia ignoran que la posibilidad de manifestarla puede ofrecerles todos los conocimientos que realmente necesitan. De este modo, desperdician una preciosa energía y se mantienen desconectadas de su naturaleza y su sabiduría profunda.

Recibir es un principio central de lo femenino espiritual.
Abrirse para recibir es un estado meditativo que activa el alma.

Este es un mantra femenino. Representa exhalar, dejarse ir, abrirse, recibir energía y equilibrar nuestro centro sagrado. Cuando nutrimos y equilibramos nuestra propia energía femenina, contribuimos a equilibrar las energías de la Tierra.

La nutrición

La nutrición representa *todo aquello con lo que nos alimentamos* para potenciar nuestro crecimiento, salud y bienestar. Esta forma de nutrirnos es fundamental para nuestra sanación y despertar, y para transformar nuestro viaje femenino.

Esencialmente, nutrimos nuestro cuerpo con alimentos y bebidas. Nutrimos nuestros corazones con relaciones que nos alimentan en un nivel emocional. Nutrimos nuestra mente ofreciéndole pensamientos positivos que afirman la vida. Con cada respiración absorbemos *prana*, o lo que es lo mismo, la energía de la fuerza vital. Y también absorbemos nutrientes espirituales invisibles a través de nuestra aura.

Cada día debemos ser muy conscientes de cómo ingerimos nuestros alimentos y cómo asimilamos nuestras relaciones, el entorno, las fuentes de información (como pueden ser los medios de comunicación y redes sociales) y la calidad de la energía que nos rodea. ¿Ofrecemos contenidos de excelente calidad a nuestro cuerpo y nuestra alma altamente sensibles? ¿O consumimos cosas que nos vacían, contaminan o sobrecargan? Este es un proceso personal y no hay reglas rígidas. La cuestión es que sintonices con tus propias necesidades, y luego seas lo suficientemente fuerte como para honrarlas.

El cuerpo femenino

El cuerpo femenino es una fuente de iluminación, y su rica sabiduría sagrada merecería ser el tema de un libro entero. Kuan Yin lo presenta como algo esencial para la evolución espiritual femenina. Nos invita a redefinir nuestra relación con nuestro cuerpo con el propósito de revertir los daños que ha sufrido la psique femenina a través del control patriarcal.

Nos han enseñado a *temer el cuerpo femenino y a maldecir sus funciones, su aspecto, sus ciclos y sus variaciones.* Hemos sido impulsadas a entrar en guerra con nuestro recipiente físico lleno de maravillas sagradas y poder creativo. Nos han dicho que dejemos de escuchar la sabiduría innata de nuestro cuerpo y que no confiemos en ella. Nos han ofrecido un modelo falso muy diferente a la auténtica belleza femenina y hemos sido despojadas de imágenes reales y de un relato positivo sobre el verdadero cuerpo de la mujer en cada etapa de su vida. Todo esto ha contaminado nuestra salud psicológica, emocional y espiritual.

Kuan Yin tiene la misión amable, pero al mismo tiempo firme y decidida, de restaurar la conexión natural e incorrupta de la mujer con su cuerpo.

Ella guía y apoya a las mujeres de todo el mundo para que se alejen del campo de batalla del cuerpo y reclamen las grandes energías perdidas en el combate.

Es el gran retorno a casa del orden superior. Kuan Yin recurre únicamente a esta sanación para preparar el terreno más fértil posible para una revolución femenina espiritual irrefrenable.

El toque amoroso y sanador

Kuan Yin es portadora de una receta divina para las dolencias de la mente, el cuerpo y el alma femeninos. Nos recuerda la *antigua práctica del masaje* o toque terapéutico. El tacto ha sido utilizado como un instrumento de sanación en las civilizaciones más antiguas de todo el mundo y tiene sus orígenes en Babilonia, Egipto, India, China y Japón, así como en las posteriores importantes tradiciones de la antigua Grecia y Roma.

El masaje terapéutico es un gran apoyo en el camino de la sanación femenina. El ritual de abrir nuestro cuerpo y nuestro espíritu para recibir un toque nutriente y seguro en un nivel profundo nos vincula con nuestras raíces de diosas. En los tejidos de nuestro cuerpo se acumula una enorme cantidad de recuerdos psíquicos y emocionales, y por ello el masaje es una práctica que nos anima a abandonar nuestra armadura para acceder a las energías femeninas vitales internas.

El toque sanador de Kuan Yin

Kuan Yin llega a nuestra vida cuando estamos en riesgo de *desequilibrarnos completamente en el intercambio de dar y recibir*. Nos recuerda de una manera amable, pero sin embargo firme, que renunciemos a nuestra constante disposición a dar y cuidar a los demás, descuidándonos a nosotras mismas. A muchas mujeres les resuena esta descripción de su vida, en especial (aunque no exclusivamente) si son madres. Si no te identificas con este tipo de desequilibrio energético, es posible que Kuan Yin llegue a tu vida para *impulsarte a nutrir tus energías femeninas y priorizarlas* sobre las masculinas.

Tenemos que ser muy conscientes de que nuestro mundo tiende a dar prioridad al sistema energético masculino. Esto significa esencialmente tomar decisiones, planificar, concebir estrategias, recurrir a la lógica, establecer objetivos y diseñar procesos estrictamente lineales con el único propósito de conseguir soluciones. Tú tienes esta energía dentro de ti, y si utilizas únicamente el modo de ser masculino, tus energías femeninas no recibirán ningún tipo de nutrición y terminarán por agotarse. Es probable que ya se hayan consumido, simplemente debido a la infraestructura y el equilibrio que imperan actualmente en nuestro estado de conciencia.

Desatender la energía femenina produce efectos secundarios

Kuan Yin trae con ella un tema de conversación: *la cantidad de tiempo que puedes haber estado descuidándote a ti misma*. Promueve tu despertar con gran compasión y amabilidad, para que sepas hasta qué punto la taza de tu energía femenina necesita que vuelvas a llenarla.

Cuando tu fuente femenina interna se seca, puedes convertirte en una mujer lenta, estancada, enferma, que confía en las soluciones rápidas, que trabaja en exceso, que tiene la creatividad bloqueada, que está crónicamente agotada y funciona gracias a la adrenalina. En un nivel emocional puedes sufrir una depresión o sentir resentimiento, celos y crisis súbitas de cólera. Puedes acumular lágrimas dentro de ti sin siquiera advertirlo o tener el deseo de gritar a viva voz tus necesidades no satisfechas. Cuando la esencia femenina no recibe la nutrición que necesita, en el nivel espiritual puedes sentirte desconectada, vacía, perdida, cínica, endurecida, enajenada y despojada.

Alimento para el alma femenina

Puede resultar bastante angustioso afrontar el hecho de que has vivido mucho tiempo ignorando tu propia necesidad de nutrirte de lo femenino. Sentadas frente a Kuan Yin, bañadas por sus rayos de un vibrante color rosa dorado, nuestro vacío y nuestra ansia se tornan insoportables. Es entonces cuando reconocemos que necesitamos alimentarnos a nosotras mismas con nutrientes femeninos sagrados; sin embargo, estamos demasiado agotadas y desconectadas de nuestras propias necesidades como para tener siquiera la fuerza que se requiere para comenzar. Ha pasado demasiado tiempo desde que escuchamos a nuestra diosa interior por última vez. El implacable mundo exterior simplemente parece haberla ahogado. Somos constantes rehenes de la culpa y la abnegación que hay en nuestra propia psique.

A medida que comenzamos a abrirnos para recibir la dulce nutrición del templo de Kuan Yin, ella susurra verdades que revelan por qué nos ha resultado tan difícil cuidar nuestra esencia femenina. Nos ofrece estas verdades, y una sanación destinada a recuperar nuestras energías agotadas, por medio de la siguiente meditación.

✮ Meditación ✮
Nutrición

Puedes practicar esta meditación leyéndola por etapas, y luego deteniéndote para sentir la energía y visualizarla, o grabándola.

1. Encuentra un sitio para sentarte cómodamente con la espina dorsal apoyada, aunque también puedes tumbarte. Asegúrate de que nadie te molestará durante al menos treinta minutos. Respira profunda y suavemente llevando el aire hacia el pecho y relájate. No realices ningún esfuerzo, limítate a observar cómo comienzas a calmarte y relajarte.

2. Visualiza los colores de un esplendoroso amanecer o atardecer que envuelven tu cuerpo y tu aura. Kuan Yin está aquí contigo, acompañada por un grupo de sacerdotisas de su templo. Te anima a relajarte y a sentir el fluir interior de una luz color coral y melocotón que llega a cada uno de tus chakras. Las sacerdotisas del templo comienzan a tocarte amorosamente los pies, las manos y la cara. Te están adorando como la diosa que eres.

3. Mientras sigues recibiendo esta profunda nutrición espiritual, Kuan Yin pronuncia palabras destinadas a sanar tu energía y tu cuerpo femeninos:

*Imagina si cada mujer de la Tierra se despertara mañana
sin ninguna idea de injusticia relacionada con su cuerpo.
Imagina si cada mujer y cada niña se despertaran mañana sin
ninguna sensación de insuficiencia y sin juzgarse a sí mismas.
Imagina si cada mujer se despertara mañana con la
mente limpia de los ataques implacables y sistemáticos
que el cuerpo femenino ha sufrido durante siglos.
Imagina si todas las mujeres del mundo se despertaran con
una amnesia total de las mentiras que se han dicho sobre
el cuerpo femenino y sobre su belleza, poder y sabiduría.*

Dedica unos instantes a sentir cuánta energía podría liberar esa actitud, para ponerla luego a disposición del universo. ¿Cuánta energía podría esto poner a tu disposición? La Diosa ha clausurado el tiempo de la era del castigo, la brutalidad y la violencia hacia el cuerpo de la mujer. Ella marca el inicio de una nueva era imbuida de los recuerdos antiguos de mujeres que se amaban a sí mismas con una pasión incontenible y un gran respeto. En lugar de considerar nuestros cuerpos como campos de batalla que debemos controlar y dominar, deberíamos honrarlos como los dones más divinos de la vida, la energía creativa y el sostén espiritual para el universo. Siéntete acariciada, tocada, masajeada y amada en este espacio femenino de seguridad y confianza. Tu cuerpo es hermoso, tal como es. Tu cuerpo es digno, inocente, y está hecho de amor. Tu cuerpo es sabio, poderoso, creativo, y está lleno de vitalidad. Liberémonos de todas las exigencias vinculadas con nuestra energía. Liberémonos de los planes y las decisiones. Liberémonos de las luchas, los esfuerzos y la necesidad de resolver las cosas.

4. Permite que la Diosa te sostenga, respire dentro de ti y vuelva a llenar tu taza vacía. Tu campo energético está absorbiendo una luz divina, rica en nutrientes.

5. ¿Cómo te sientes? ¿Te estás impregnando de abundancia, o solamente estás absorbiendo una pequeña porción? ¿Sientes aprensión, vergüenza o miedo de recibir más?

6. Observa sin juzgar cómo reaccionas a este regalo de amor. Lo estás haciendo perfectamente bien. Con un poco de práctica serás capaz de abrirte para recibir cada vez más luz femenina.

7. Permanece en este espacio de nutrición todo el tiempo que quieras. Cuando vuelvas a tomar contacto con la habitación, presta atención a todo cuanto aparezca en tu conciencia en los próximos minutos, horas, días y semanas y, muy en especial, a todo lo que se relacione con lo que tu alma y tu cuerpo femeninos necesitan para estar equilibrados y nutridos.

La función sanadora de Kuan Yin

Kuan Yin ocupó una posición de gran influencia en el panteón de las diosas porque posee el dominio de un espacio de profundas heridas femeninas: *las percepciones negativas y distorsionadas del cuerpo femenino y la falta de nutrición del sistema energético femenino.*

En este templo aprendemos cómo retornar a nuestro hermoso cuerpo. Observamos *el tipo de información que recibimos del mundo exterior* en relación con él, y percibimos si esto representa un apoyo o, por el contrario, un perjuicio para nosotras. Consideramos *de qué manera nos estamos nutriendo* en diferentes niveles y cómo podemos modificar nuestra sensación de valía personal si nos detenemos a reflexionar sobre lo que consumimos.

A continuación ofrezco algunos ejemplos de cómo podemos emprender el camino de retorno para honrar nuestros cuerpos con el espíritu de la autobenevolencia.

Los alimentos

Consume alimentos simples, naturales y frescos. Siempre que puedas, compra y prepara los alimentos con alegría y amor, con la intención de nutrirte en todos los niveles, física y espiritualmente. Puedes bendecir tus alimentos antes de consumirlos, simplemente agradeciendo a todas las personas que han participado en la comida que vas a tomar. Resulta sorprendente considerar cuánta gente ha contribuido a cultivar, recoger, transportar y preparar esos alimentos para ti. ¡Agradéceselo! ¡Y también agradece a la tierra, la lluvia, el aire y el sol por crearlos! Igual que nosotros, los alimentos responden al amor, al respeto, a la intención y a la gratitud.

Sintoniza con tu guía interior para conocer cuáles son los alimentos y las bebidas que tu cuerpo asimila mejor. Su respuesta será lo mejor *para ti*, pero no necesariamente para otras personas. Si te sientes más a gusto al eliminar determinados grupos de alimentos o cambiando drásticamente tu dieta, no lo hagas con juicios morales (ni siquiera espirituales), sino con el espíritu de la autobenevolencia y el compromiso de cuidarte. Si decides cambiar tu dieta completamente por problemas de salud, te recomiendo que consultes con un nutricionista experimentado o cualquier otro profesional adecuado, en especial si todavía estás en periodo de crecimiento, eres una persona mayor o te encuentras en cualquier etapa del embarazo o en el posparto.

Tú conoces tu propio cuerpo. Elimina los juicios de valor relacionados con la comida (incluso aunque eso signifique que tienes las mejores intenciones de mantenerte sana o de potenciar tu espiritualidad) porque de esa forma será muy probable que tu ego asuma el control y genere conflictos en tu interior asociados a tu autovaloración.

Durante mucho tiempo las mujeres fueron manipuladas para utilizar los alimentos como un arma para infligirse daños y como un vehículo para sentir que tienen el control de su existencia. Vuelve a asumir el control de tu auténtico poder, y la comida te reorientará hacia un espacio de neutralidad (y de alegría inocente) en tu vida.

Cuando tu propia energía femenina está equilibrada, tu guía interior te conduce de forma natural a equilibrar tus necesidades nutricionales. Es prácticamente imposible estar conectada contigo misma a un nivel emocional y energético, y al mismo tiempo maltratar tu cuerpo a través de la alimentación. Si necesitas ayuda para aprender a cocinar y comer de una manera sana, solicita a Kuan Yin que te ofrezca su guía para conocer los recursos perfectos.

A medida que vuelvas a alinearte con tu sabiduría espiritual femenina y a sanar tus heridas emocionales, podrás sanar la relación disfuncional que tienes con la comida. Cuando empiezas a amarte y, en consecuencia, a escuchar tu cuerpo y tu sabiduría interior, dejas de hacerte daño con los alimentos que consumes; de ese modo, te resultará cada vez más fácil mantener una relación saludable con la comida que se base en el amor a ti misma.

La diversidad corporal

Contrarresta la representación del cuerpo femenino que nos ofrece el mercado general de consumo a través de imágenes de belleza manipuladas: las imágenes visuales son muy poderosas y tienen una gran capacidad de penetrar muy profundamente en nuestra psicología. Estamos saturados de imágenes fotográficas que han sido modificadas digitalmente, y no nos percatamos del efecto negativo que tienen para nosotros.

Busca imágenes de mujeres que muestran sus cuerpos reales. Nutre tus sentidos, tus percepciones y tu alma con la inmensa diversidad de tamaños, formas, texturas, pliegues y marcas de las figuras femeninas.

En la actualidad no recibimos demasiada información de este tipo, pero te aseguro que las fotografías de Jade Beall son una fuente de inspiración. Son imágenes de mujeres reales destinadas a contrarrestar las versiones modificadas dominantes en los medios convencionales (www.jadebeall.com). Tal vez conozcas a la modelo Iskra Lawrence, que lucha por la diversidad y el cuidado de nuestro cuerpo (www.iskralawrence.com). O a Rihanna, que lanzó una línea de lencería que fue exhibida públicamente por modelos de todas las tallas.

El masaje

Recibir un masaje terapéutico y otros tratamientos holísticos puede ayudarte a nutrir tu cuerpo, y a amarlo, honrarlo y aceptarlo.

Debes saber que es natural que las emociones, e incluso los recuerdos psicológicos, afloren a la superficie durante el masaje. Mientras lo recibes se pueden activar recuerdos celulares ancestrales de épocas en las que fuiste adorada como una diosa. También se pueden remover energías antiguas, bloqueadas y que suscitan temores, que acaso estén alojadas en tus células y tejidos. El masaje es una herramienta muy poderosa para curar traumas.

Recibir cualquier tipo de tratamiento corporal puede ser un paso muy importante a la hora de reclamar tu propia valía y recuperar la relación con tu cuerpo.

Asegúrate de recurrir únicamente a terapeutas cualificados y con los que te sientas cómoda. Puedes consultarlo con Kuan Yin para que te guíe hacia un terapeuta que sintonice con la frecuencia de la sanación femenina sagrada.

✯ Deja que tu energía femenina sea tu guía más sabia ✯

Formúlate las siguientes preguntas:

- Si consultara con mi energía femenina como si ella fuera mi guía más sabia, ¿cómo podría saber que me está guiando?
- ¿Con qué necesita nutrirse en este momento mi energía femenina?
- ¿Qué es lo que quiero hacer, o no hacer, para sentirme abierta, llena de luz, viva, resplandeciente, fluida, nutrida, radiante, relajada, sostenida, conectada y plena?

A continuación te ofrezco algunas sugerencias simples que pueden ayudarte a conectar de inmediato con tu energía femenina:

- Escucha música que te haga sentir viva.
- Baila.
- Canta.

- Entrégate al momento presente y a todo lo que está ofreciéndote.
- Fluye con la vida todo lo que puedas, mientras ella te marca su ritmo cada día.
- Concédete permiso para sentir plenamente las emociones que están moviéndose en tu interior en este momento.
- Recibe la energía de los demás (por ejemplo, regalos, elogios, abrazos, caricias, apoyo...).
- Reúnete con buenos amigos para dar un paseo, comer, compartir risas, jugar.
- Escucha realmente a la siguiente persona que se dirige hacia ti, imaginando que estás conversando con la Diosa.
- Sal a la naturaleza y trae plantas y flores a tu casa.
- Siempre que puedas, respira con intención consciente.
- Practica ejercicio, o cualquier tipo de movimiento corporal que fomente tu autoaceptación y la conexión contigo misma (por ejemplo, yoga).
- Recibe tratamientos holísticos y sanación energética (por ejemplo, masajes, reflexología, reiki y sanación angélica).
- Cuando te duches o te des un baño, hazlo en la oscuridad o a la luz de las velas.
- Saborea lenta y sagradamente un trozo de chocolate de buena calidad.
- Toma algo que te parezca delicioso con plena conciencia, y con gratitud y deleite.
- Embárcate en una lectura en la que puedas perderte.
- Detente durante unos instantes para notar los colores, texturas, sonidos, fragancias, sensaciones y energías que te rodean
- Dedícate a hacer algo artístico, cocinar, tocar música, trabajar en el jardín, escribir, hacer ejercicio, meditar o incluso hacer una tarea de matemáticas por el mero hecho de sumergirte en el fluir jubiloso del proceso, sin tener en mente ningún objetivo ni resultado previsto.

- Si creas un espacio para pedirle a tu alma femenina que te comunique lo que necesita, ella lo hará. Descubre constantemente la enorme cantidad de recursos con los que cuentas para conectar con tu femineidad. Concédete permiso para recibir y nutrirte.

Reconectar con la energía femenina

A lo largo de los años de mi viaje de retorno a la Diosa, mi energía femenina me guio para que me ocupara de mi desequilibrio crónico. Cuando abandoné la universidad, me dediqué a la música y a la danza, y estas actividades me conectaron de inmediato con lo femenino. Estaba tan deshidratada que aquello fue como agua pura para mis sentidos.

Nunca me sentí más vacía que cuando mis hijas eran pequeñas y estaba obligada a dar constantemente. También recuerdo sentirme tan consumida por la sensación de vacío que no sabía cómo recibir apoyo ni cuidarme a mí misma. La Diosa debía de estar escuchando, porque me envió una milagrosa canguro que me ayudó unas horas a la semana, lo que me ofreció la oportunidad de tumbarme simplemente para recargar mi energía. También empecé a recibir masajes, aunque con frecuencia rompía a llorar sobre la camilla en cuanto me tocaban.

Creo con firmeza en el poder del masaje como práctica sanadora, y por ello me formé como terapeuta de masajes holísticos. Durante la formación, y también cuando ya trabajaba como masajista, tuve visiones espirituales de mí misma en civilizaciones que adoraban a la Diosa, en las que yo recibía y daba masajes como parte de iniciaciones sagradas.

En esa formación también aprendí que en la Edad Media las comadronas utilizaban los masajes durante el trabajo del parto. Su oficio estaba en conflicto con la Iglesia, que las consideraba «brujas». El masaje se veía como una glorificación del cuerpo, y por esa misma razón estaba prohibido. Las mujeres eran asesinadas por consagrarse a esas prácticas.

La rama de la medicina popular que incluía las tradiciones de las comadronas fue salvajemente atacada en aquella época, y provocó la ejecución de miles de mujeres. Esto me llevó a preguntarme si mi respuesta emocional al masaje y a las emociones que desencadenaba (y en ocasiones incluso también mi resistencia a nutrirme de lo femenino y disfrutar de toques amorosos y sanadores) no tendría sus raíces en mis traumas de vidas pasadas, en particular durante la Edad Media.

Analizaremos este tema detalladamente un poco más adelante, porque la mayoría de las que nos hemos sentido atraídas por este camino hemos sido brujas, curanderas, sanadoras y comadronas en la Antigüedad. Siempre se nos ha vedado, herido y aniquilado porque nuestra práctica estaba vinculada con lo Sagrado Femenino.

¿Es esta la razón por la que a menudo nos resistimos a que nuestras energías femeninas sean elogiadas, premiadas y nutridas, y no facilitamos que fluyan libremente? ¿Nos sentimos incapaces de recibir y creamos nuestros propios bloqueos porque tenemos miedo de lo que puede manifestarse? ¿Tememos lo que puede llegar a suceder si nos dejamos ir?

Kuan Yin es la única que escucha nuestros llantos. Ella está aquí, junto a nosotras, esperando pacientemente que podamos abrirnos y recibir, y equilibrar nuestro centro femenino profundamente desnutrido. Su intención es ayudarnos a retornar a un estado de compasión respecto a nuestro cuerpo y nuestro espíritu femeninos, y por este motivo se quedará eternamente a nuestro lado.

Segunda parte

Despertar e iniciar

Capítulo 4

El templo de las sacerdotisas de Avalón

La invitación

Has estado participando en una ceremonia sagrada durante algún tiempo y has experimentado la liberación del alma a partir de tres grandes modelos de lo femenino. Hasta este momento cualquier paisaje a tu alrededor que se encontrara más allá del círculo de la Diosa permanecía oculto, y esto todavía tiene que cambiar.

Actualmente tienes conciencia de que una suave bruma gris merodea en tu interior, enmascarando el Círculo de las Diosas y comenzando a rodear tu cuerpo con una luz plateada. Estás envuelta en esta fina niebla centelleante, portadora de una cualidad que pertenece a otra experiencia.

A medida que la bruma acaricia tu cuerpo y tu aura con la ligereza de una pluma, comienzas lentamente a percatarte de que tu visión está cambiando. La sábana brumosa de color gris plata se rasga ante tus ojos para revelar un territorio salvaje de mística belleza y prodigios.

Ante ti hay colinas onduladas y campos, torres y castillos a la distancia, ríos y fuentes, antiguos y majestuosos árboles. El cielo que se extiende sobre este mágico mundo es de un color azul blanquecino que se disuelve en tonos limón y rosado. Se puede ver un mínimo reflejo de una luna creciente que anuncia nuevos inicios.

Te encuentras en la isla de Avalón.

A través del velo brumoso de la luz emerge una figura vestida con una capa con capucha. La cola de sus ropajes se desliza sobre la hierba húmeda mientras ella se abre paso, lenta y suavemente, en dirección a ti. Su centro cardíaco brilla con una luz blanca, y sostiene una vela encendida junto a su pecho. Llega a tu lado y se detiene no muy lejos de tu corazón, que está latiendo rápidamente. Eleva la cabeza muy despacio para mirarte a los ojos. Ves su cara por primera vez, enmarcada por la amplia y oscura capucha. Ella emana un resplandor nacarado que te quita el aliento.

Sus ojos te conectan con una intención sagrada que atraviesa el núcleo de tu alma. Es una sacerdotisa de Avalón que ha venido a despertar tu tercer ojo y a guiarte nuevamente hacia el silencio.

Sonríe amablemente, su rostro se torna luminoso como la luna, y señala el espacio que hay detrás de ella. Allí ves un grupo de ocho figuras femeninas de idéntica forma. Cada una de ellas sostiene una vela encendida que ilumina la serena profundidad de sus ojos.

Las nueve sacerdotisas de Avalón te dan la bienvenida por haber retornado a su templo del poder intuitivo, silencio sagrado e iniciación divina.

¿Quiénes son las sacerdotisas de Avalón?

Estas hermanas etéreas habitan en la isla de Avalón, un lugar inmerso en las leyendas británicas y bretonas del rey Arturo, Morgan le Fay y el mago Merlín. Se dice que Arturo fue conducido a Avalón para recuperarse de la batalla de Camlann, y que allí se forjó su espada Excalibur. La sabiduría mágica de esta isla sagrada se encuentra en las tradiciones de celtas y druidas, y tiene sus orígenes en las leyes de la naturaleza, los espíritus y la Diosa.

Avalón existe como una puerta que se abre al Gran Misterio para todos aquellos que creen en el poder de lo Sagrado Femenino.

El montículo de Glastonbury Tor, en Somerset, es considerado como el ápice geográfico de las energías de Avalón. Muy cerca de allí, Chalice Well atrae a peregrinos que llegan para recibir los beneficios de las aguas de la fuente Red Spring.

Algunos textos antiguos también hablan de las «nueve sacerdotisas» que gobernaban Avalón.

En un texto del siglo XI que lleva por título *Vita Merlini* (La vida de Merlín) y cuyo autor es Geoffrey de Monmouth, se afirma que las nueve hermanas que habitan en Avalón tienen una vasta experiencia en el arte de la sanación, y también son conocidas por modelar los cambios y los viajes en el tiempo. La persona que lidera a estas nueve reinas mágicas es Morgen, que en posteriores narraciones del rey Arturo reaparece como la sacerdotisa Morgana y en la literatura medieval a menudo es representada como una gran sanadora.

El número *nueve* asociado a grupos de mujeres con dones espirituales aparece reiteradamente en los mitos paganos, en las leyendas y en la sabiduría popular antigua. En muchas historias inglesas, galesas y bretonas antiguas se habla de las nueve sacerdotisas que sirven con devoción a lo Sagrado Femenino.

Las sacerdotisas de Avalón continúan infundiendo vida sagrada y otorgando sentido a esta antigua configuración de hermandad espiritual con poderes sanadores y artes mágicas y divinas.

En el círculo de las nueve sacerdotisas, ellas vibran con símbolos y mitos profundamente arraigados en lo femenino universal, invocando a través de los tiempos los cánticos de los oráculos, los visionarios, los videntes y las profetisas.

Los temas arquetípicos de las sacerdotisas de Avalón son los siguientes:

- El despertar de los dones intuitivos y psíquicos.
- La meditación y el silencio.
- La canalización de la energía sanadora divina.

- La sanación de los traumas debidos a la persecución en vidas pasadas.
- La activación de arquetipos espirituales de sacerdotisas, mujeres sabias y sanadoras.

El despertar de los dones intuitivos y psíquicos

El término *intuitivo* significa que «uno siente que algo es verdad aunque dicho conocimiento no responda a un razonamiento consciente». La intuición es un elemento poderoso del principio femenino: una clave esencial para desbloquear la energía de la Diosa.

La intuición es simplemente
«saber sin saber cómo lo sabes».

La intuición es un conocimiento profundo de la verdad, más allá de lo que parece ser cierto a un nivel superficial o de acuerdo con la deducción lógica. Surge de un conocimiento somático basado en una sensación; y luego se extiende por todo el cuerpo y por las emociones hasta convertirse en el fenómeno de la *percepción extrasensorial*. Esto se conoce también como «sexto sentido» o «capacidad psíquica». No es sencillo describir estos fenómenos, y eso se debe a que entramos en el terreno de lo irracional. *Estamos profundamente inmersas en la sabiduría femenina del alma.*

En el camino del crecimiento femenino es fundamental despertar tu energía intuitiva. Este es un proceso que va más allá de aprender a utilizar tus poderes espirituales internos, porque el mero acto de poner de manifiesto estos dones produce una descarga de relámpagos en la psique latente de la Diosa. Recuperar la confianza en tu intuición es una reiniciación en el alma femenina.

Cuando se produce el despertar de tus dones intuitivos,
también despiertas a la Diosa que hay dentro de ti.

La meditación y el silencio

Meditar es dirigir la energía hacia el interior. Es un método destinado a conducir nuevamente la conciencia a nuestro propio centro: reunir los trozos diseminados de nuestro ser exterior y devolverlos a nuestro hogar interior. Es una forma de honrar el tiempo que se dedica a la búsqueda de la comunión con lo Divino a través de la respiración.

No hay una manera correcta o incorrecta de meditar. La meditación significa cosas diferentes para cada persona. Para decirlo de una manera sencilla:

La meditación es simplemente sentarse, respirar y ser. Es un recipiente sagrado para el espíritu.

La meditación es vital para despertar el alma femenina porque abre las conexiones entre los mundos físico y no físico. A través de la práctica regular de la meditación, la voz sutil de la Diosa puede aflorar gradualmente a la superficie. Atravesando el silencio, la sacerdotisa se conecta con la verdad, la visión y la claridad.

Los periodos de silencio son esenciales para que las capacidades intuitivas salgan a la luz. El silencio sagrado es la ventana que se abre al don femenino superior de ver los reinos divinos a través del velo.

La canalización de la energía sanadora divina

Tu cuerpo y tu ser son un vehículo para sanar la transmisión energética. La energía sanadora divina también se conoce como *prana*, o energía de la fuerza vital universal. El trabajo sanador del *reiki*, una técnica que ya es ampliamente conocida, se basa en esta fuerza universal. Hay muchas otras ramas de la sanación que utilizan este sistema de canalización de energía para restablecer el bienestar y fomentar la expansión espiritual.

La mayoría de las personas que se sienten atraídas por lo Divino Femenino porque desean promover el crecimiento del alma reciben impulsos naturales para canalizar fuerzas sanadoras de luz a través de su cuerpo. Es una manera de ser un recipiente para la Diosa: ella necesita esta corriente de amor. El camino de la sacerdotisa está conectado con el hecho de ser un canal energético divino, que facilita la sanación propia y la de otros seres vivos.

La sanación de los traumas debidos a las persecuciones en vidas pasadas

Este tema es esencial para recuperar nuestra conexión con el arquetipo de la sacerdotisa. La sanación de traumas de encarnaciones pasadas se encuentra en el centro del espacio de este templo, porque al parecer en alguna etapa de nuestro camino de sanación encontraremos algunos problemas que tienen sus raíces precisamente en él.

La razón es la siguiente: si te sientes activamente guiada a trabajar con el arquetipo de la Sacerdotisa y sus diversas identidades espirituales, puedo garantizarte que en el pasado has vivido en esta Tierra y has ejercido una función de influencia y de servicio para lo Divino Femenino.

Esto significa que has tenido una o más encarnaciones anteriores y has cumplido la función de sacerdotisa, bruja, mujer sabia, anciana, practicante de la medicina popular, comadrona, astróloga, oráculo o adivina. Todas estas ocupaciones manifiestan una gran influencia, autoridad y capacidad de liderazgo. Son funciones cualificadas y sagradas que requieren muchos años de experiencia, devoción y dedicación al servicio de la comunidad y de lo divino. Constituyen la forma en que la Diosa se expresa a través de acciones amorosas.

Durante la Edad Media en Europa, las fuerzas aliadas de la Iglesia, el Estado y la profesión médica dominada por los hombres se dedicaron a atacar a todas las personas que ejercían esas ocupaciones. Un gran número de mujeres fueron tildadas de brujas, perseguidas y ejecutadas. En consecuencia, este periodo se caracterizó por un intenso miedo a los seguidores de la Diosa, de la Sacerdotisa y de las mujeres sabias.

El horror imperante en esa época a veces está todavía presente en tus células. El miedo arraigado puede crear bloqueos debilitantes y provocar tu resistencia a vivir abiertamente en consonancia con tu verdad sagrada. Esto puede estar enterrado en un nivel muy profundo de tu inconsciente; sin embargo saldrá a la luz para ser sanado cuando te encuentres en espacios que te ofrecen seguridad y confianza.

La activación de arquetipos espirituales

En el proceso de sanación de los traumas de vidas pasadas serás guiada para que *actives los arquetipos espirituales* con los que más te identifiques.

La activación es una forma de iniciación energética sagrada. Es algo que sucede en el nivel de lo que no se ve a través de los canales intuitivos, en los cuerpos energéticos psíquicos de tu ser. Por ejemplo, muchas personas realizan cursillos de formación para ser terapeutas de *reiki*, y como parte de esa formación reciben «activaciones» y rituales.

Dichas activaciones abren los canales intuitivos que hay entre el espíritu y tú. Son facilitadas a través de iniciaciones y rituales enseñados habitualmente por una maestra o maestro experimentados. Estas activaciones espirituales aparecerán en el momento oportuno, es decir, cuando estés preparada para recibirlas.

El susurro de la sacerdotisa de Avalón

El toque de la sacerdotisa de Avalón llega para recordarnos que sustancialmente somos seres intuitivos. Ella llega a nuestra vida para susurrar los recuerdos que el alma tiene de nuestros dones espirituales internos. Nos pide que concentremos toda nuestra atención en nuestro interior y busquemos tiempo para apartarnos del mundo externo. *Es el tañido de las campanas que anuncia una necesidad urgente de retirarse, crear un espacio meditativo, escuchar lo que está en lo más profundo de nuestro ser, y volver a conectarnos con nuestra naturaleza intuitiva femenina.*

La necesidad de retirarse

Vivimos en un mundo ruidoso y estimulante que nos distrae sin descanso. Nuestra atención es implacablemente dirigida hacia lo externo y lo material. Hay demasiadas cosas sucediendo ahí fuera y en Internet, y por este motivo nuestra necesidad de retiro y conexión interior nunca ha sido más apremiante.

Descubrirás que tu sabia alma femenina pronto comienza a impulsarte a que te retires del mundo de manera regular. La misma palabra *retiro* ya tiene sentido para la mujer que anhela la comunión con la naturaleza profunda de su alma. Esto no significa que tengas que hacer un retiro fuera de casa, aunque esta opción también puede ser aconsejable en alguna etapa del camino. Lo más importante es que comiences a crear espacios de retiro para ti misma en el transcurso de tu vida cotidiana.

Los retiros son esenciales para despertar el arquetipo de la sacerdotisa interior. Un «minirretiro» puede ser tan breve como permanecer diez minutos frente a la llama de una vela, pero con la puerta firmemente cerrada para no tener interrupciones. Debe realizarse con la intención de honrar a tu Ser Superior. Es el momento que tienes para estar en silencio, reflexionar sobre tu vida y conectarte con la *voz interior de la verdad que reside en ti.*

Consagrar la quietud y el silencio, y honrar tu voz interior

Hay algunos aspectos que son vitales para activar la energía femenina divina: crear momentos regulares de quietud, meditar y contemplar. Es difícil escuchar tu voz interior si nunca generas espacios de silencio, quietud o reverencia.

La quietud y la meditación no son complicadas, y no hay una forma correcta o incorrecta de practicarlas. Sencillamente tienes que sentarte con la espalda recta y conectarte con tu respiración (inhalar por la nariz y exhalar por la boca), prestar atención a tu columna vertebral y conseguir que se alargue, y observar todos tus pensamientos y sentimientos con total impasibilidad. Durante estos periodos de conexión en silencio, en realidad no tiene que «ocurrir» absolutamente nada.

Con frecuencia descubrirás que tu mente está sobrecargada de pensamientos pasajeros o de obligaciones pendientes. Lo que suceda durante el tiempo que estás sentada manteniendo un silencio consciente no tiene ninguna importancia. La clave es la práctica regular. El proceso y la constancia generan un fortalecimiento interno con el paso del tiempo.

Calmar la mente no siempre requiere un cuerpo inmóvil que medita en silencio. La mente también puede serenarse mientras damos un paseo o practicamos ejercicio físico (como puede ser yoga) en un ambiente natural, leemos poesía, realizamos alguna obra de arte, escuchamos música inspiradora o recibimos una sesión sanadora. Puede ser cualquier cosa que te conecte con tu necesidad de reverenciar a tu sacerdotisa interior.

Escuchar profundamente

Es probable que al conectar por primera vez con el silencio con la intención consciente de conectar con tu Ser intuitivo, te sientas inquieta e incómoda. Esto es absolutamente natural, y le sucede a todo el mundo. En algunas ocasiones no podrás detener la cháchara mental, o incluso el deseo de levantarte y dedicarte a alguna de tus ocupaciones.

Esto es lo que yo denomino el burbujeo de tu «energía superficial». Es la parte de ti que domina casi todo el tiempo: hacer, pensar, preocuparte, planificar, agitarte, parlotear. Es la capa superior de tu ser que, en realidad, no contiene ninguna sustancia rica ni tampoco una energía profunda. Si te limitas a vivir en esta capa superficial que corresponde a lo material, solo conseguirás acceder a una parte muy restringida de tu Ser. *Esta parte de ti no contiene las claves para el propósito real de tu alma ni de tu destino.*

Lo que subyace a esa capa superior es una sucesión de capas de profundidad, sabiduría, verdad, emociones y experiencias. En esencia, debajo de la superficie de la conciencia de tu mente hay un océano de conocimiento psíquico, un pozo insondable de energía divina, un enorme cofre del tesoro lleno de joyas del alma. *Por debajo de la capa superior están los postes indicadores para hacer realidad tus sueños más profundos y anhelados.*

En el templo de las sacerdotisas de Avalón te incitarán a *practicar el arte de concentrarte profundamente* en las capas que están por debajo de la superficie. Esto no es muy difícil; sin embargo, se requiere práctica y disciplina para lograrlo. Debes habituarte a escuchar tu alma con una entrega absoluta. Siempre puede surgir una razón para no hacerlo o algo que parece ser más apremiante.

Si evitas esta escucha profunda en todo momento, las sacerdotisas se ocuparán de que dejes de resistirte. Podrías desarrollar una enfermedad o sufrir un accidente que te obligara a permanecer inmóvil durante varios días. Podrías llegar al punto de tener una sobrecarga sensorial y emocional tan grande que te vieras forzada a abandonar todas tus actividades por un tiempo. Podrías descubrir que estás chillando a todos los que te rodean, y también al universo, de una manera tan frenética que te resulta alarmante. No siempre se llega hasta esta situación extrema; aun así, las probabilidades son bastante altas.

Debes escuchar. *Escuchar es simplemente estar con tu ser más profundo.* Es dedicar un poco de tiempo a crear un espacio en el que el silencio sea total y la quietud absoluta, para que puedas conmoverte por la presencia ilimitada de tu alma.

Podrías experimentarlo como la «nada». O como algo maravilloso; aunque también como algo caótico o emocional. Podría manifestarse como una revelación, una súbita toma de conciencia. O podrías sentir que estás respondiendo a una llamada mantenida mucho tiempo en espera, o que estás regando una planta que necesita agua.

Con el paso del tiempo, el arte de escuchar profundamente retornará a ti de forma paulatina. Así, emergerás de las capas más profundas de tu psique de un modo imperceptible, y ellas te mostrarán el poder de tu intuición y tu conocimiento interior.

Nuestra naturaleza intuitiva y el tercer ojo

Existe un *centro energético* en nuestro cuerpo espiritual que es un vórtice de poder psíquico de color azul índigo. Es uno de los siete chakras principales o «nodos de energía espiritual». El sexto chakra (llamado *ajna* en sánscrito) es tu tercer ojo y está situado entre las cejas.

Cuando ves algo con el ojo de tu mente, con tu visión interior o en un sueño, estás utilizando el chakra ajna. Los hindúes creen que absorbemos la energía del mundo exterior a través de este chakra, y en consecuencia se esmeran para protegerlo. También creen que si meditas sobre el sexto chakra, desarrollarás poderes ocultos.

En el reino de Avalón, despertar el sexto chakra es fundamental para el progreso del alma. Es la ventana que se abre hacia la mujer sabia que puede percibir la verdad en el corazón de todas las cosas. Es el don psíquico, la clarividencia, «El Que Sabe».

Las sacerdotisas de Avalón portan un talismán especial para el chakra del tercer ojo. Producen una activación espiritual para despertar tus poderes de clarividencia y sanación intuitiva por medio de la siguiente meditación.

☆ Meditación ☆
Despertar el tercer ojo

Puedes practicar esta meditación leyéndola por etapas, y luego deteniéndote para sentir la energía y visualizarla, o grabándola.

1. Encuentra un lugar donde puedas sentarte cómodamente con la espina dorsal apoyada, aunque también puedes tumbarte. Asegúrate de que nadie te perturbará durante al menos treinta minutos. Respira suavemente varias veces llevando el aire hacia el pecho para limpiar tu cuerpo, y luego relájate.

2. Visualiza una bruma radiante de color azul noche que rodea tu cuerpo mientras sigues prestando atención consciente a tu respiración.

3. Una de las sacerdotisas de Avalón se acerca a ti. Es tu guía especial que viene a abrir y sanar tu tercer ojo. Mientras tomas conciencia de su presencia, notas que se manifiesta ante ti a través de tu visión interior. ¿Qué características, colores y detalles observas? ¿Qué emociones y sensaciones experimentas? ¿Qué es lo que escuchas con tu oído interior? Tus sentidos intuitivos se comunican contigo a través de todos estos medios.

4. Los poderes de las sacerdotisas están activando tu visión interior. No cuestiones nada. Al ver, sentir o escuchar cosas con tus sentidos psíquicos podrías pensar que eres tú la que las está creando. Sin embargo, puedes diluir todas tus dudas diciendo: «Si las estuviera creando yo misma, ¿qué es lo que vería, sentiría o sabría ahora mismo?».

5. Tu sacerdotisa de Avalón está a punto de conectar con tu tercer ojo. Acerca uno de sus dedos para tocar suavemente este centro entre tus cejas. De pronto surge una luz de color azul índigo y tu sexto chakra despierta.

6. La luz se irradia ahora hacia otros chakras abiertos. *Tu visión espiritual es activada y purificada*. Ahora puedes ver imágenes

o experimentar sentimientos relacionados con el modo en que tu sexto chakra responde a esta activación. Puedes ver cómo se disuelven los bloqueos o incluso experimentar emociones asociadas a la forma en que has estado reprimiendo esta energía.

7. La sacerdotisa de Avalón te da la enhorabuena y te muestra un símbolo importante de tu reiniciación. *Ha colocado una luna creciente de color azul* sobre tu chakra del tercer ojo, como si fuera un tatuaje psíquico. Esta es la protección de Avalón para tu centro intuitivo.

8. Ahora estás nuevamente conectada con tus poderes espirituales ancestrales: la verdad, la visión y el conocimiento profundo. La energía sagrada de color azul índigo se ha despertado dentro de tu alma. Permanece en ese espacio todo el tiempo que quieras. Cuando estés preparada, pídele a la sacerdotisa que te conduzca otra vez a tu ambiente cotidiano. Verás que tus chakras son sellados con una luz blanca y pura, y que de la base de tu espina dorsal surgen raíces marrones que descienden hacia la tierra.

El viaje de mi despertar intuitivo

Como ya sabes, en mi educación no me inculcaron ninguna idea de lo divino. Durante mi infancia y mi juventud no tenía conciencia de mí misma como un alma que vive una experiencia humana. Estaba principalmente rodeada de hombres (mi padre y mis hermanastros) y, por lo tanto, carecía de modelos de energía femenina.

Cuando mi marido se marchó de casa, pronto se hizo evidente que no iba a mantener instantáneamente una nueva relación con el hombre con el que había iniciado un amorío. Solo había una forma de sanar los fragmentos de mi corazón hecho pedazos.

Y dicha forma se convirtió en la única luz en mi vida (aparte de mis adoradas hijas). En medio de un torbellino emocional y del estrés cotidiano que implicaba ser madre sin tener pareja, fui impulsada hacia mi destino por lo único que me permitió seguir adelante: conectarme con la luz. *En aquel momento lo ignoraba, pero me encontraba en el umbral de un despertar intuitivo de proporciones monumentales.*

Cuando regresaba a casa después de dejar a las niñas en el colegio cada mañana, era *incapaz de hacer otra cosa que no fuera meditar.* Era como si una fuerza invisible muy potente me empujara hacia la silla y no me dejara mover de allí. Los platos se apilaban sobre la mesa de la cocina, los cestos de la ropa sucia se llenaban y la despensa se vaciaba. Pero yo tenía que meditar cada mañana. No tenía opción.

Al mismo tiempo sentía una urgencia enorme por tomar mi mazo de cartas del tarot. En aquella época las usaba todos los días. La mayor parte de mi vida se consumía a través del duro trabajo de ser madre. Sin embargo, en todos esos años tan intensos después de mi divorcio se produjeron las sincronicidades más increíbles que me condujeron hacia un nuevo camino.

Había vuelto a conectarme con el tarot y sentía que algo comenzaba a brillar en mi interior. Empecé a echarles las cartas a mis amigas de manera informal, y algo empezó a florecer dentro de mí. Recordé que en el pasado me habían dicho en muchas ocasiones que era muy perceptiva y me percaté de que en realidad poseía un don intuitivo. Cuando echaba las cartas del tarot, veía, escuchaba y sentía cosas que eran mucho más profundas y precisas que las explicaciones del manual sobre el significado de las cartas.

De repente un día, la madre de una compañera de colegio de una de mis hijas mencionó que había tenido una sesión de tarot con un hombre llamado Jonathan. Decidí de inmediato que yo también quería probar esa experiencia, y pedí una cita con Jonathan Glenn Cowan, que me echó las cartas y me leyó las runas. Esa sesión produjo uno de los cambios más importantes de mi vida, y Jonathan se convirtió en mi mentor.

A lo largo de varios años trabajé con él todos los fines de semana que tenía libres porque mis hijas estaban en la casa de mi exmarido. Pasábamos horas y horas practicando el tarot y la adivinación, y conversando e intercambiando información espiritual. Aprendí mucho de él. Como no tardaría en descubrir, Jonathan estaba profundamente conectado con la vibración de lo Sagrado Femenino.

Cada vez que tenía una duda o el miedo me atenazaba por alguna situación que surgía en mi vida (momentos en los que sentía que estaba deambulando sola por un terreno yermo), Jonathan escogía una carta y decía: «Es la Emperatriz. Vete a casa, sumérgete en un baño aromático y disfruta de tu luz femenina». O: «Es la Sacerdotisa Mayor. Medita y pide una señal espiritual. Escucha tu sabiduría interior».

Yo asimilaba esa verdad divina como si fuera el dulce maná de los dioses. Nunca nadie me había guiado de esa manera en los momentos en que tenía que tomar una decisión o definir algo importante en mi vida. Era como si la Diosa me hablara en voz alta a través de Jonathan y me recordara que podía encontrar las respuestas en mi alma femenina intuitiva.

Si conseguía escuchar mi voz femenina y confiar en ella, sería capaz de crear un camino de luz para mí misma que evolucionaría de forma natural.

Comencé a percatarme de que cada vez que tenía que tomar una decisión o afrontar algún asunto práctico, podía dejarme fluir sin esfuerzo y producir buenos resultados conectándome con mi guía femenina. Las situaciones se resolvían por sí mismas cuando me limitaba a dar un paso atrás y me abstenía de actuar, permaneciendo en quietud y elevando mis plegarias para que se produjeran las mejores soluciones, que a menudo llegaban con una facilidad milagrosa y desencadenaban cambios inesperados.

Mis dones psíquicos femeninos reprimidos comenzaban a despertar. Aquel fue un proceso intenso que se prolongó durante varios años. Es interesante destacar que mientras desarrollaba mis energías intuitivas, era paralelamente impulsada a *realizar un trabajo interior sobre el perdón*. Algunos de los textos a los cuales fui conducida en aquel periodo de mi vida fueron *Un curso de milagros*, *Volver al amor*, de Marianne Williamson, y *El perdón radical*, de Colin Tipping.

Mi corazón aún estaba dolido por la crisis de mis relaciones amorosas. Experimentaba sentimientos de abandono y tristeza, y me sentía empujada a adentrarme en un *proceso de perdón en un nivel espiritual*. Algunos momentos eran muy duros y me exigían una gran concentración para poder orientar mis propósitos. No obstante, este proceso de perdón tuvo un efecto muy profundo en mi campo energético y aceleró mi desarrollo intuitivo.

Había llegado el momento de mi despertar. Mi energía atrajo a los mentores perfectos para mi desarrollo psíquico. Una de mis maestras más apreciadas es Debbie Clayton, que tiene un vínculo puro y maravilloso con el Espíritu. Jamás olvidaré la primera lectura canalizadora que hizo para mí.

Debbie me confirmó que me encontraba en un importante punto de inflexión de mi vida personal. También trajo a una guía particular, con la que ella no solía trabajar, y me dijo: «Aquí hay una presencia muy importante para ti, aunque no estoy completamente segura de quién es "ella". Dice que su nombre es Kali».

La diosa Kali me mostró que ese ciclo, destinado a despojarme completamente de todo lo que había en mi vida, era perfecto para mí. También le comunicó a Debbie que yo habría de escribir varios libros. Esto fue hace más de doce años, lo que demuestra que este camino requiere paciencia y perseverancia. En esa época recibí numerosas activaciones y sintonizaciones energéticas (semejantes a las que se transmiten a través del *reiki*) de Debbie. La primera vez que visité Glastonbury en esta vida fue para recibir sus iniciaciones en Chalice Well. Esto no solamente avivó mi habilidad para trabajar con mis dones intuitivos, también me impulsó a utilizar la energía sanadora que fluye a través de mis manos.

A lo largo de esa fase de mi vida me dediqué a escuchar y a actuar de acuerdo con mi guía femenina interior. Fortalecí ese músculo utilizándolo diariamente. Necesité mucho coraje y fe. Sin embargo, mientras las energías volvían a alinearse en mi interior, me resultaba prácticamente imposible oponerme a lo que mis sentidos intuitivos me comunicaban. Y si lo hacía, sentía una inmediata alteración física y energética.

Aquel fue un gran renacimiento y una importante realineación para mi vibración femenina. Independientemente de lo que estuviera moviéndose en mi vida, y de lo mucho que me preocupara mi seguridad y mi futuro, no podía evitar que la Diosa emergiera dentro de mí.

Mi viaje hacia el despertar iba a ser cada vez más intenso. A medida que mi sacerdotisa interior volvía a despertar, tuve que realizar una sanación profunda de todos los traumas de mis vidas pasadas causados por las persecuciones que había sufrido.

Mi tercer ojo se abrió una vez más, y me sentí bombardeada por el terror de que mi verdadera identidad fuera descubierta. ¿Podría utilizar realmente este don en el mundo exterior? ¿Podría vivir, trabajar y ser conocida públicamente como la mujer que era?

Los miedos eran como un tsunami, y yo solo quería meterme dentro de mi cueva y esconderme para siempre.

No sabía si iba a ser capaz de resistir el surgimiento de la fuerza de la diosa que había dentro de mí.

Capítulo 5

El templo de Hécate

La invitación

La luna se está oscureciendo. Tú estás de pie, inmersa en el azul profundo etéreo de las sacerdotisas de Avalón, y has sido iniciada nuevamente en las artes psíquicas de tu herencia sagrada. El retorno al hogar de lo femenino interior es cada vez más profundo y está cada vez más intrincado con el aspecto misterioso y desconocido de la Triple Diosa.

Miras a tu alrededor y observas que las brumas grises son cada vez más densas, muy semejantes a una niebla impenetrable. En este reino en tinieblas, tus fosas nasales captan un aroma intenso. Es un fuerte aroma a hierbas, dulce, penetrante y embriagador.

Alrededor de tu cabeza, graznan cuervos negros que vuelan en círculo y caen en picado. Oyes el ulular de un búho a lo lejos. Nubes de color carbón asoman sobre el horizonte, allí donde previamente veías la imponente y mística Avalón. Ahora no hay nada más que el olor de las hierbas al quemarse y una sensación inquietante de haber sido abandonada y arrojada a tus miedos más sombríos.

Ninguna de las otras diosas parece estar presente, y comienzas a preguntarte si este viaje es realmente seguro. Te invade la ansiedad, que amenaza con ahogarte; tu único deseo es escapar y ocultarte. De pronto te percatas de que unas gruesas cadenas de hierro con candados te rodean las muñecas, los tobillos y el cuello. La cadena en torno a tu cuello es particularmente opresiva. No puedes moverte.

Sientes que estás viviendo una pesadilla. Es aterradora, y súbitamente experimentas una sensación de destrucción inminente. Te oyes gritar, pero de una manera incorpórea y extraña. Ahora un fuego arde muy cerca de ti, crepita y cruje junto a tus pies. Tus propios lamentos guturales se funden con el coro fragmentado de una muchedumbre. Y luego... la nada.

Estás flotando: sin cuerpo, ingrávida y adormecida. De repente tomas conciencia de que te encuentras en los brazos del espíritu de una mujer mayor que parece ser la más sabia de todas.

Has sido entregada al espacio que más seguridad te ofrece para que desciendas hacia lo inconsciente.

Te encuentras ahora en el templo de Hécate.

Hécate, la reina de las brujas, de la magia y del inframundo, ha venido para procurarte una sanación del alma alquímica, que curará tus heridas y tus miedos más profundos y reprimidos. Trae medicinas de hierbas preparadas en el Caldero de la Luz, en el cual se puede procesar el contenido de tus traumas enterrados.

Sostiene en alto las antorchas llameantes de la anciana sabia. Está de pie en medio de una encrucijada, habitando la fase oscura de la luna, balanceando entre sus manos la llave que abre todas las partes de tu ser que te avergüenzan, y por ello han sido prohibidas, silenciadas y desterradas.

«Has sufrido mucho, hermana —susurra Hécate—. Solo yo tengo la llave que desbloquea tus poderes de sacerdotisa y hechicera, porque yo soy su Maestra y su Ama... Te conduciré para que desenmascares todo lo que te ha mantenido maniatada y amordazada durante siglos. Tú y yo sanaremos juntas todo esto. Confía en mí, porque conozco el camino, incluso aunque esté oculto por sombras e incertidumbres. Yo soy Hécate».

¿Quién es Hécate?

Hécate es la anciana arquetípica, o la mujer mayor sabia, el principio de la Triple Diosa. Representa la fase final del crecimiento de una mujer, cuando ya ha dejado de sangrar siguiendo los ciclos de la luna y posee una vasta sabiduría gracias a su experiencia.

Los orígenes de Hécate como diosa son tan misteriosos como ella misma. Ha sido conocida como la diosa de la luna oscura, que gobierna los espíritus de los muertos, y fue uno de los titanes de la antigua Grecia. Se convirtió en la reina del inframundo al acompañar cada año a Perséfone a la «tierra de los muertos» después de que el rey del inframundo abdujera a la diosa doncella.

Muchos eruditos sitúan los orígenes de Hécate en las culturas neolíticas de la Diosa Madre, ampliamente divulgadas miles de años atrás. Tenía un significado divino para las amazonas, una tribu nómada de guerreras que procedían de Turquía y del norte de África.

Hécate tiene una estrecha vinculación con Turquía: Medea, una sacerdotisa y hechicera griega de Hécate, residía en la región de Anatolia, que también estaba conectada con las amazonas. Se considera que la antigua zona geográfica de Tracia, que hoy se encuentra dividida entre Turquía, Bulgaria y Grecia, es la tierra natal de Hécate.

Hécate es un ejemplo primordial de una diosa cuyas valiosas cualidades positivas que afirman la vida han sido denigradas bajo el dominio patriarcal. Fue demonizada en la Edad Media por la religión occidental y el control del Estado. Se creía que muchas de las mujeres que fueron perseguidas, torturadas y quemadas en la hoguera o colgadas en la horca estaban dominadas por fuerzas demoníacas malignas. Este fue el caso de Hécate, estigmatizada y acosada por considerarla una figura hostil y negativa que rondaba por el reino del satanismo, de las entidades espectrales y de los demonios.

Esta interpretación tergiversada del arquetipo de Hécate ejemplifica el miedo al «poder femenino oscuro» que existe en el subconsciente masculino colectivo. Ese miedo distorsiona la verdadera benevolencia de las profundas y complejas características femeninas, y las transforma en algo malvado, vergonzoso y amenazante.

Hécate ha vuelto como una sabia femenina primordial: la anciana sabia, la reina del inframundo y la guardiana de lo inconsciente. Es la protectora de las brujas, la cuidadora de la alquimia femenina y la sanadora de nuestras almas encadenadas y traumatizadas.

Los temas arquetípicos de Hécate son los siguientes:

* La asimilación y sanación de los traumas del alma femenina de vidas pasadas (en especial los que están relacionados con la caza de brujas en la Europa de la Edad Media).
* La sanación del chakra de la garganta.
* El espacio liminal (un lugar de transición ritual entre lo viejo y lo nuevo).
* La aceptación de la femineidad madura.

La asimilación y sanación de los traumas del alma femenina de vidas pasadas

Este no es un tema fácil de afrontar; no obstante, mi experiencia personal y profesional me ha demostrado reiteradamente que los miedos surgen de esos traumas que están enterrados en lo más hondo de nuestro ser y que es preciso sacar a la luz. Es muy probable que si te has sentido atraída por el arquetipo de la «Sacerdotisa» o de la «Sanadora», hayas sido una de las víctimas de las ejecuciones masivas que tuvieron lugar en la Europa de la Edad Media.

El deseo de servir a la humanidad es una función arquetípica de sacerdotisa (cualquiera que sea el sentido que esto tenga para ti), que apela de forma natural a una sabiduría energética ancestral alojada en tus células y en la memoria de tu alma. Esta sabiduría quiere dirigir y orientar tu vida cotidiana actual. Quiere fluir libremente una vez más como un modelo altamente creativo para que tu experiencia y tu contribución superior en la Tierra sean óptimas.

Has enterrado los dones femeninos de tu alma bajo rocas de resistencia y miedo, porque portas en tu ser los recuerdos de crímenes innombrables perpetrados debido al odio que despertaba tu ser más profundo.

Cuando llegue el momento de evolucionar hacia la expresión más plena de la majestuosidad de la Sacerdotisa, tu alma será conducida hacia espacios en los que tus heridas psíquicas más antiguas podrán recibir sanación. Esta es la única forma de llegar a reconocer la profundidad de los dones, la habilidad y la presencia que posees en el núcleo de tu ser.

La sanación del chakra de la garganta

El chakra de la garganta (en sánscrito, *vishuddha*) es el centro energético que gobierna todas las formas verdaderas de expresión y comunicación, y se encuentra en la región de la garganta, cerca de la columna vertebral.

Limpiar y sanar el chakra de la garganta es un componente esencial del crecimiento femenino espiritual. Este es el chakra que ha recibido un daño profundo por la forma en que la sabiduría de la Diosa ha sido masivamente silenciada.

No es una coincidencia que muchas mujeres llamadas a defender el espíritu femenino experimenten bloqueos en la zona de la garganta. Los síntomas de un chakra de la garganta dañado pueden ser físicos (por ejemplo, dolor de garganta, problemas de tiroides o amigdalitis) y emocionales (como pueden ser «tragarse» los sentimientos de culpa, vergüenza o rabia, y la ansiedad que produce hablar sin reservas).

La regresión a vidas pasadas y una terapia que acceda a los recuerdos celulares pueden poner de manifiesto experiencias de otras vidas en las cuales tu garganta tal vez haya sido dolorosamente oprimida o en las que también puedes haber sido estrangulada. En mi trabajo espiritual veo con frecuencia de una manera clarividente marcas de ataduras alrededor del cuello de algunas mujeres. En ocasiones parecen haber sido producidas por cadenas (que energéticamente todavía están allí) y en otras, por cuerdas. También he podido ver rastros de heridas de cuchillos en la garganta.

Trabajar con terapias que se ocupan conjuntamente del cuerpo emocional y del cuerpo energético, puede sanar intensamente estos traumas y liberar siglos de opresión y miedo.

El espacio liminal

La diosa Hécate ocupa el *espacio liminal* de los procesos de transformación. La palabra *liminal* (del latín *limen*, que significa «umbral») se utiliza para describir el *estado del ser entre las etapas* de un cambio importante. Es el tiempo que existe entre la «forma anterior de la estructura y la identidad» y la «forma nueva» que aún no se ha consolidado. Por lo tanto, en todos los rituales y espacios sagrados diseñados con el fin de ayudarnos a transformar, hay un espacio liminal. Entrar en el espacio liminal significa que hemos dejado atrás lo familiar, pero aún no tenemos clara cómo será la nueva existencia.

Hécate es conocida por esperarnos en las encrucijadas, en el umbral de las nuevas experiencias y posibilidades. El punto donde se entrecruzan los caminos también puede ser considerado como un espacio intermedio a través del cual entramos en el terreno de lo inconsciente. En esta unión con lo desconocido (una fase de espera o el punto medio de la transición) tenemos la capacidad de acceder a las partes más profundas de nuestra conciencia.

Los espacios liminales incluyen también una especie de *desintegración o disolución*, porque son el punto de transformación en el cual la identidad pierde su forma con el propósito de abrirse a lo novedoso.

Hécate representa la necesidad de estar en «la luna oscura»*
del camino de tu crecimiento interior: aceptar el tiempo de la
desintegración antes de que emerja un Ser en expansión.

La aceptación de la femineidad madura

En la civilización occidental se otorga un valor llamativo a la juventud, particularmente a la juventud femenina. Estamos sometidos a un condicionamiento dominante que representa a la femineidad joven como el epítome de la belleza, la perfección y la inspiración. Esta percepción es destructiva para la psique femenina en múltiples niveles: genera una enorme expectativa para las mujeres jóvenes, que son conminadas a cumplir su destino espiritual antes de saber siquiera qué es lo que significa. Estas mujeres sienten una gran presión por el imperativo de «transformarse en algo» antes de tener las herramientas necesarias para intentar esa «transformación».

A lo largo de nuestra vida recibimos mensajes subliminales que nos infunden miedo y aversión por las «mujeres mayores». Nos exhortan a detener los signos del envejecimiento a cualquier coste. Aprendemos que madurar es algo negativo para nosotras. Por lo tanto, debemos invertir nuestra energía en intentar lo imposible: revertir nuestro reloj biológico.

Esta programación absurda y altamente tóxica indica una enfermedad espiritual que debilita nuestra capacidad de entregar nuestros dones femeninos iluminados al planeta. Toda la ideología de lo Divino Femenino incluye el principio de la «mujer mayor sabia» o el arquetipo de la anciana que representa la integridad y la madurez espiritual. Todo se tuerce y se deforma cuando no somos capaces de honrar todas las etapas de la vida de nuestra Triple Diosa: doncella, madre, anciana.

---

* N. de la T.: La autora se refiere a la fase de la luna nueva.

Hécate saca a la luz esta manipulación de la verdad sobre la madurez femenina. Sus antorchas brillan radiantemente para iluminar la resurrección de la magia de las mujeres maduras. Es una magia que solamente tolera la verdad.

Sanación del espíritu femenino herido

Mientras Hécate comienza a girar la llave para abrir las partes de tu alma que han estado bloqueadas durante siglos, te describe el efecto que este trauma no sanado ha tenido en tu vida.

La reina de las brujas está hablándote: escucha con atención

Estoy aquí para colocar mi antorcha de la verdad sobre la persecución masiva de las mujeres que fueron demonizadas como pérfidas brujas, paganas, hechiceras y practicantes de la magia negra.

Es muy probable que en otras vidas hayas sido juzgada y culpada por crímenes de los que no eras responsable, como por ejemplo el fracaso de los cultivos o las muertes producidas por enfermedades. Esa era la razón superficial, una mera excusa para someterte a torturas, juicios públicos y asesinatos. No obstante, el motivo real era tu inherente conexión espiritual con lo Divino Femenino.

Has sido un instrumento de sanación muy poderoso de lo Divino Femenino durante muchas vidas. Este poder fue inculcado por tus encarnaciones más tempranas en este planeta, y has trabajado muy duro para ganarte tu lugar como una iniciada de lo sagrado femenino.

Hécate en sus diversas funciones de sacerdotisa

Has desempeñado muchas funciones con el propósito de sacar a la luz tus dones psíquicos, tu habilidad para la sanación energética, tu sola presencia que nutre y tu capacidad para cambiar la frecuencia a través de la espiritualidad femenina. Esas ocupaciones pueden haber incluido las de comadrona, consejera, mujer sabia, mística, herbolaria, vidente, oráculo, astróloga, numeróloga, sanadora energética, sacerdotisa, monja, médica y cualquier otra función en la que hayas utilizado la energía espiritual femenina avanzada y tus conocimientos sobre la sanación.

Te has ganado tu sabiduría de vidas pasadas superando graves dificultades, y ahora debes utilizarla mediante un contrato sagrado con lo Divino.

Hécate describe el viaje de la autosanación

Descubrirás que has estado realizando tu viaje de autosanación desde aquellas oscuras épocas de terror, torturas, humillaciones, destierro, falsas acusaciones y muertes dolorosas.

Los recuerdos de las persecuciones se remueven en mi caldero sagrado. En los niveles más profundos de lo inconsciente, estos recuerdos han sido los responsables de que te escondieras y de que tuvieras miedo de lo que podría llegar a suceder si mostrabas tu poder oculto y tu luz.

Tu ego intentará encubrir estos traumas psíquicos profundamente arraigados con diferentes comentarios, como por ejemplo:

- *No mereces ofrecer tu trabajo del alma.*
- *No tienes tiempo suficiente para hacer tu trabajo del alma.*
- *No conseguirás ganar dinero si te dedicas a hacer tu trabajo del alma.*
- *Serás ridiculizada, avergonzada y castigada por hacer tu trabajo del alma.*
- *No estás cualificada para este trabajo.*
- *Todavía no estás preparada.*
- *Necesitas trabajar más tiempo con tu ser interior antes de poder compartir tus dones.*
- *Estás demasiado cansada y demasiado enferma.*
- *No tienes capacidad para ayudar a nadie.*
- *No tienes a nadie que te ayude.*
- *Estás sola, deprimida y asustada.*
- *Harás este trabajo cuando tengas menos miedo.*

- *Otras personas lo harán, de manera que no tienes que encargarte de ello.*
- *Es más fácil para otras personas; ellas no tienen los problemas que tienes tú.*
- *Es muy peligroso someterse a tu poder.*
- *Tú no sabes qué hacer.*
- *Tú no sabes por dónde comenzar.*

Lo único que consiguen este tipo de afirmaciones es enmascarar tu dolor y condenarte a un estado de victimismo.

Su propósito es racionalizar el profundo sufrimiento y el miedo que quedaron incorporados en tu memoria celular cuando fuiste castigada por ser un canal de sanación femenino.

Es muy probable que sientas miedo de sacar a la luz este dolor. ¿Qué podría sucederte si lo dejaras emerger a la superficie? ¿Te mataría otra vez? ¿Sería una carga demasiado pesada para tu corazón? ¿Qué puede ocurrir si empiezas a dejar que tu poder salga al mundo? ¿Acaso tienes la certeza de que es peligroso, amenazante, y que podrían volver a quemarte en la hoguera si no lo mantuvieras bajo control?

El terror que quedó cautivo en tus células, la falsa impronta de la culpa y la vergüenza que quedó grabada en tus huesos, todo eso parece muy real cuando vuelves a mirarlo cara a cara. Y eso se debe a que fue real.

Te resulta difícil creer que estas atrocidades contra el espíritu femenino no volverán a repetirse. Si tienes un gran caudal de energía sanadora para ofrecer en esta vida, evocarás estos recuerdos de vidas pasadas con más intensidad.

Hécate habla de los signos de la sanación venidera

Los poderes de las mujeres sabias se consideraron tan peligrosos que de una manera u otra se consintió que se cometieran actos tan inhumanos y abyectos como son la tortura y los asesinatos masivos en nombre de la salvación religiosa.

Estas verdades deben ser reveladas. Necesitas confrontarte con esas ver-
dades que forman parte de tu pasado, con el fin de percibir con qué ma-
terial estás trabajando en esta época del nuevo despertar de lo femenino.
Es muy posible que estas palabras te conmuevan y te molesten. Pueden
suscitar sentimientos de cólera y miedo: lo comprendo perfectamente, y
ese es el motivo por el que estoy aquí contigo.
Estás afrontando lo que debe ser afrontado. Estás accediendo a las heri-
das eliminadas de la psique femenina. Estás empezando a darte cuenta
de por qué has estado tan bloqueada, tan silenciada, tan asustada que
has evitado expresar tu voz real en este planeta.

Hécate habla de la confrontación y la sanación del pasado

Has sentido el trauma de estas violaciones a un nivel tan profundo que
quizás te hayas planteado no volver jamás a este planeta.
Pero has regresado.
Tus hermanas también están volviendo, y son muchas, para unirse
contigo y volver hacia los espacios donde se cometieron las más grandes
atrocidades.
Volverás a las tierras de las que te has marchado hace mucho tiempo.
Es probable que debas confrontar sentimientos viscerales. Que tengas
que mirar a la cara a aquellos que se sienten amenazados por tu regreso.
Pero tú brillarás con luz propia, irradiarás el amor de tu corazón por la
Diosa, derramarás sanación a través de tus ojos y tus manos, y harás tu
trabajo, el único trabajo por el que estás aquí.
Muchos querrán defenderse de tu retorno. Muchos desearán restar im-
portancia a tu verdadera identidad.
Hermana, esto no habrá de suceder nunca más. Ya no serás avergonza-
da ni silenciada. Alzarás tu voz para defender a todas las mujeres opri-
midas y violadas en la Tierra, y te sanarás a ti misma como un medio
de sanar el sufrimiento de todas ellas.
Has venido para reclamar lo que es tuyo y a preparar el camino para
que todas las mujeres reclamen su propia libertad.
La libertad será tuya.

✫ Meditación ✫
Liberar los traumas de vidas pasadas

Puedes practicar esta meditación leyéndola por etapas, y luego deteniéndote para sentir la energía y visualizarla, o grabándola.

1. Encuentra un sitio donde puedas sentarte cómodamente con la espina dorsal apoyada, o también puedes tumbarte. Asegúrate de que nadie te perturbará durante al menos treinta minutos.

2. Mientras conectas con tu respiración, el arcángel Miguel coloca a tu alrededor una pirámide de luz divina. Ahora estás completamente segura y protegida por su luz.

3. Hécate está de pie delante de ti, con su caldero burbujeante lleno de energía y amor. A medida que el contenido del caldero se eleva, *la energía llega a tu chakra del corazón*, en el centro de tu pecho.

4. Sientes que tu centro cardíaco se abre para revelarte todos tus sentimientos y miedos relacionados con el hecho de que te vean abiertamente como una sacerdotisa del amor y una mujer poderosa.

5. Tu corazón se abre cada vez más mientras la medicina de Hécate sana tus emociones más prohibidas. Estás vertiendo tu sufrimiento más antiguo en el Caldero de Luz, en presencia de Hécate y el Círculo de las Diosas al completo.

6. Hécate coloca un cristal en el centro de tu corazón, que activa el arquetipo del poder intuitivo con el que necesitas fundirte. Observa la apariencia de este cristal.

7. Ella eleva un cántico con las siguientes palabras: «sacerdotisa, bruja, hechicera, alquimista, oráculo, vidente, consejera, comadrona, astróloga, adivina, visionaria, practicante de la medicina, mujer sabia, maga, divina erudita, profeta».

8. Estas palabras activan tu sanación y tu propósito. Algunas de ellas pueden resonarte más intensamente que otras. Incluso puedes escuchar o sentir otras palabras.

9. Hécate saca ahora de su caldero algunas medicinas y las usa para *sanar tu chakra de la garganta*. Puedes percibirlo como una luz y un color, una fragancia y una sensación o incluso como símbolos y dibujos. Pero también simplemente puedes sentir cómo su amor envuelve toda la zona de la garganta.

10. Te libera de los miedos relacionados con expresar abiertamente tu verdad, tus dones, tu sabiduría y tu creatividad. Esto también te ayuda a ser auténtica en todas las áreas de tu vida.

11. Ahora la diosa de las brujas abre su manto y te libera de todas las ataduras, cuerdas, cadenas o trampas que te han mantenido en silencio. Inunda todo tu campo energético con una luz pura y mágica.

12. Hécate bendice el trabajo profundo que estás haciendo en el interior de la pirámide del arcángel Miguel y todo lo que estás echando en su Caldero sagrado. Envía a un cuervo negro que te servirá como un espíritu animal guardián para recordarte tus vínculos personales con la magia, el misterio y los mundos que hay del otro lado del velo.

13. Quédate con Hécate todo el tiempo que desees. Cuando te apetezca retornar, visualiza que tus chakras son sellados con una luz blanca y que una energía terrestre te atrae a lo más profundo de la tierra.

Sanación de la persecución femenina divina

He pasado los últimos diez años de mi vida sanando los traumas producidos por las persecuciones. En algunos momentos sentía miedo de exponerme a través de mis escritos y mi trabajo intuitivo, y publicarlos me resultaba insoportablemente difícil.

No obstante, he llegado a darme cuenta de que únicamente *sentimos la imperiosa necesidad de sanarnos* cuando las experiencias de la vida actual reflejan directamente los viejos padecimientos.

Y ahora debo decir que cuando estos recuerdos han salido a la superficie a menudo he sentido el deseo de correr a esconderme, o sencillamente de abandonar. Al mismo tiempo, mi alma femenina ha deseado emerger y elevar su voz frente a la opresión y el miedo. El único motivo por el cual estoy escribiendo este libro es porque mi alma creó una situación por la cual no tuve otra opción más que revelar y utilizar mis dones.

Cuando comencé a trabajar con las sesiones intuitivas y de tarot, el hecho de llegar a ser «descubierta», humillada y herida despertó en mí la resistencia y el miedo más profundos. En esos momentos lo único que quería era huir y hacer *cualquier otra cosa menos* una sesión intuitiva. La energía que había en mi interior era tan visceral que solía sentir que estaba a punto de morir. Y, evidentemente, eso me paralizaba. Sin embargo, hacer esas sesiones era la única forma que tenía de alimentar a mis hijas. Para ser sincera, si no hubiera sido por ese motivo creo que nunca lo habría hecho.

Esta resistencia continuó a lo largo de todos los años en los que desarrollé mi trabajo intuitivo. Las cosas empezaron a ser más fáciles, aunque no demasiado. Seguía sintiendo resistencia a utilizar mi energía. Sin embargo, la magia se producía cuando aceptaba realizar mi labor; las lágrimas desaparecían en cuanto comenzaba a trabajar, y al final de la sesión experimentaba una sensación de gran transformación.

El viaje que realicé compartiendo textos espirituales en las redes sociales también ha sido una de las experiencias más creativas y sanadoras de mi vida. Nunca hubiera podido imaginar que mi conexión con el espíritu podría generarme tanto miedo y ansiedad. Publicaba en mi página de Facebook cuando sentía la presión de una urgencia intuitiva, pero nunca cuando mi ego me incitaba a decir algo. Esto puede parecer fácil, pero yo no lo sentía así:

a menudo recibía mensajes internos para escribir cuando estaba agotada, a punto de irme a la cama, cuando estaba preparando la cena o justo antes de una sesión privada.

Todo aquello requirió mucho coraje y disciplina, puesto que me daba bastante miedo dar a conocer públicamente mis palabras. Me sentía totalmente desnuda, y una vez más tenía la sensación de que era peligroso para mí revelar mi verdad. Y sin embargo, *la energía espiritual que me llevaba a hacerlo era más fuerte que mi miedo.*

A pesar del miedo, seguía adelante. Era el único camino posible. Y en ese camino hacia el poder interior, muchas de mis *etapas iniciáticas* me plantearon la necesidad de un *espacio liminal.* Junto con el lento desarrollo de mi trabajo y mi sanación gradual de los traumas de mi alma femenina, he experimentado muchos descensos al inframundo.

Mi círculo social disminuyó enormemente durante esas etapas de limpieza e iniciación, y durante los últimos diez años he sido una persona bastante solitaria. Con el apoyo de un pequeño círculo íntimo de amigos y familiares de confianza, he estado viviendo en un espacio en el cual, tal como lo explica el escritor espiritual Richard Rohr: «El viejo mundo está a punto de desmoronarse para que un mundo mucho mayor sea revelado». Permitir que tenga lugar la transformación dentro del pozo oscuro de la liminalidad ha permitido que mi inconsciente me muestre mi milagrosa vena creativa. Y también ha iniciado el ascenso de mi poder.

Al haber permitido pacientemente que se produjeran los procesos de sanación y espera, al haber permanecido en lo desconocido y en lo liminal, y haber atravesado las capas materiales de mi psique para que pueda obrar su magia, he entrado en el mundo real de la sabia Diosa.

Y durante todos esos años de transición no puede decirse que no estuviera *haciendo nada,* puesto que gran parte del trabajo femenino espiritual es invisible y se completa en planos interiores. Únicamente cuando llegué a fortalecer mi Ser interior después de procesar mis sentimientos, afrontar mis miedos y comenzar a utilizar mi energía intuitiva sin disculparme por ello, pude crear un espacio lo suficientemente profundo como para poder transmitir mi mensaje espiritual al mundo.

Procesar el material de lo inconsciente y los recuerdos profundos del alma es un intenso trabajo interior. Un trabajo que ofrece grandes recompensas para una buscadora de lo Divino Femenino. Una vibración femenina completamente diferente se prepara actualmente para entrar en escena con el fin de honrar tu compromiso con la autosanación, el servicio divino y el crecimiento.

Esta es *la etapa final de la iniciación* para recuperar tu energía interior de diosa.

Capítulo 6

El templo de Afrodita

La invitación

Abres los ojos. Te despiertas de un antiguo sueño y te encuentras tumbada bocabajo sobre el suelo. Te sientes como si acabaras de ascender del inframundo. La tierra que hay debajo de tu cuerpo cansado está yerma, y la hierba sobre la que permaneces tumbada está calcinada y ennegrecida. Diriges la mirada hacia arriba y encuentras el arco evanescente de la luz de la luna. Muy lejos de allí, un búho ulula su adiós solitario.

Te sientas y con los dedos comienzas a frotarte instintivamente las muñecas, los tobillos y el cuello. Tienes la sensación de que algo falta en ellos, y tu corazón experimenta una sensación de ligereza y liberación. Una nueva energía comienza a palpitar alrededor de tu centro cardíaco. Algo está cambiando en el aire, y el cielo se torna más brillante. De repente, una luz radiante atraviesa la penumbra y empieza a gravitar a tu alrededor.

La luz es una cascada resplandeciente y efusiva de amor.

Todo tu cuerpo comienza a temblar y a brillar desde dentro. El Círculo de las Diosas ha reaparecido, y adviertes vagamente sus sonrisas cálidas y relajantes mientras esta nueva visión de gracia divina arde en tu corazón.

Estás inmóvil y anclada en tu sitio, consciente de que estás totalmente desnuda. No sientes ansiedad, preocupación ni timidez. Te sientes viva. Te sientes completamente hermosa y extasiada.

Experimentas una sensación de asombro, y una excitación deliciosa, casi sensual, hace palpitar tu cuerpo.

El cielo se está tornando delicadamente azul, salpicado con diversos matices del color de la lavanda y la mantequilla. Amanece, y el sol pálido está empezando a calentarte.

La hierba verde y fresca parece llenar el paisaje ralo y quemado que habías visto antes, y para tu deleite descubres flores primaverales que danzan al ritmo de una ligera brisa.

La figura divina que está frente a ti te agarra de la mano. La fragancia del aceite de rosa, la esencia más embriagadora y deslumbrante que jamás hayas conocido, llena tus sentidos. Todo tu ser absorbe ese elixir. Todo lo demás se difumina y queda relegado a un segundo plano, y tú quedas suspendida en un instante impregnado de una belleza femenina que quita el aliento y de una sacralidad exquisita. Oleadas de luz rosada procedentes de los pétalos de rosa se despliegan para envolver tu aura. Estás floreciendo gracias al icono superior de lo Divino Femenino del amor y la belleza sensual, la diosa Afrodita.

Afrodita te acerca una rosa al pecho como símbolo de su presencia en tu viaje. Esta rosa se expande como una luz radiante y produce una explosión de colores que recuerdan el rubor, el rojo de la sandía, el rosado de las zapatillas de ballet. *Estos colores se dirigen hacia tu chakra del corazón. Mientras la luz rosa de Afrodita se adentra en tu espíritu, ella te bendice con las fuerzas femeninas del amor profundo y la sinergia sagrada.*

De pie, y con las manos entrelazadas con esta luz resplandeciente, sientes que el símbolo de la rosa empieza a multiplicarse bajo la emergente luz del amanecer; es como un patrón que se incorpora en tu alma. Miras hacia abajo y ves que sobre la tierra han aparecido cristales de cuarzo rosado junto a tus pies.

Has llegado al templo de Afrodita.

El rostro y la forma de Afrodita son ahora visibles para ti. Sus ojos emanan un amor que es irresistiblemente dulce, como el néctar. Su luz es la ambrosía, y tú estás impregnándote de ella a través de cada uno de tus poros. Su toque es sanador, profundamente sanador, y al mismo tiempo fomenta tu despertar y tu revitalización. Parece traerte a la vida con su voluptuosidad espiritual, su fuente con cascadas de la esencia de lo Divino Femenino.

Afrodita habla con tonos melodiosos que parecen fluir como un líquido: «Hermosa mujer, eres un ser de amor. En tu corazón, cuerpo y alma solo tienes amor. Estás aquí para dar amor y recibirlo en la misma medida. Estás aquí para establecer una relación con lo Divino, contigo misma, con otros seres vivos y con tu Tierra. Y yo estoy aquí para volver a iniciarte en los caminos del amor Sagrado Femenino, desde lo más profundo de tu corazón de Diosa».

¿Quién es Afrodita?

Afrodita es la diosa del amor, la belleza y las relaciones sensuales con la Tierra. Se convirtió en objeto de culto de los antiguos griegos, que le dedicaron un festival anual llamado Afrodisia.

Los mitos de la Grecia clásica describen a Afrodita como un símbolo del amor puro y la belleza, que emergió de la espuma de las aguas del mar que rodean Chipre y se originó en los genitales seccionados de la deidad primordial Urano, el Padre del Cielo.

Los antiguos griegos la convocaban con gran pasión. No obstante, las raíces preolímpicas de Afrodita se remontan al antiguo Oriente Medio. Los cultos de las diosas Astarté e Ishtar-Inana tuvieron una gran influencia en los orígenes de Afrodita, que nació de estas civilizaciones tempranas de Oriente Próximo.

Las diosas mesopotámicas Astarté e Ishtar-Inana estaban relacionadas con la fertilidad, el útero, la sexualidad y el amor apasionado. Por tanto, Afrodita nació de una antigua espiritualidad femenina semítica muy poderosa y de sus mitos.

Este icono de la belleza femenina, llamada Venus por los romanos, también ha sido denominada diosa del amanecer. Afrodita brilla con amor radiante y placer sensual e ilumina el potencial para la transformación espiritual a través del amor y el sexo. Sus símbolos son varios, y entre ellos se encuentran las rosas, las flores primaverales, los granados, los manzanos, un cinturón mágico dorado y un espejo.

Se dice que el cinturón de oro que rodea sus caderas resalta su deslumbrante sexualidad, haciéndola irresistible tanto para los mortales como para los dioses. Su espejo simboliza su habilidad para revelar la verdad espiritual en todas nuestras relaciones.

Los temas arquetípicos de Afrodita son los siguientes:

* El equilibrio sano de las relaciones para las sanadoras.
* La exposición de las relaciones afectivas al espejo divino.
* El reconocimiento de la esencia de lo Divino Masculino.
* La celebración de la belleza y la sensualidad.

El equilibrio sano de las relaciones para las sanadoras

El alma de una sanadora tiene vínculos antiguos con la conciencia femenina sagrada. Eso corresponde a todas las personas que sienten interés por los temas expuestos en este libro y a las que se identifican con los arquetipos de la Diosa. Las sanadoras no tienen un sexo específico: cualquier persona puede utilizar las energías femeninas con el propósito de facilitar la sanación. En este libro, hablo directamente a las mujeres, aunque cualquiera puede sentir afinidad por estos temas independientemente de su sexo.

Las almas con las que se ha llegado a un acuerdo para manifestar altos niveles de energía femenina en este planeta por lo general son extremadamente empáticas y muy generosas. Antes de llegar a tomar conciencia de tu función sagrada como recipiente para lo Divino Femenino, tal vez luches con tu sensibilidad energética y emocional, en particular en tus relaciones afectivas.

Tu programación espiritual innata está destinada a ayudar a las personas que sufren y se sienten heridas. En consecuencia, posiblemente descubras que tus relaciones no son equilibradas, que a menudo se sostienen por tu capacidad infinita de dar y por la capacidad de la otra persona de recibir tu energía sanadora.

Este es un campo muy complejo para las sanadoras. Hay demasiados elementos involucrados porque los problemas pueden retrotraerse a tus propias heridas antiguas y a la erosión de tu autoestima como mujer espiritual. Por ejemplo, es muy probable que tu valía y tus límites personales se derrumbaran debido a las persecuciones que sufriste en el pasado por ser una sanadora. Te hicieron creer que lo que ofrecías, una potente y sagrada energía terapéutica, no era provechosa y no merecía ser honrada.

En nuestras sociedades actuales, se atribuye muy poco valor a los dones sanadores intuitivos de la sensibilidad emocional. Por lo tanto, se requiere una gran concentración para realizar el trabajo de crecimiento interior, y también una nueva iniciación para despertar el auténtico poder personal, para que las sanadoras se defiendan a sí mismas, y para que en sus relaciones afectivas respeten su naturaleza profundamente empática y generosa.

La exposición de las relaciones afectivas al espejo divino

Todas las relaciones que creamos son un reflejo de cómo nos vemos a nosotras mismas. Los demás solo pueden ser un reflejo de nuestra energía, nuestro amor, nuestras cualidades y nuestra conducta. *Esta es la ley universal espiritual del reflejo.* * Todos nuestros pensamientos y creencias producen patrones y vibraciones energéticas en nuestra aura, y son la fuente de lo que luego experimentamos en nuestra vida y en nuestras relaciones.

Cuando no honramos, respetamos ni amamos nuestro corazón, atraemos parejas, amigos y socios que tampoco lo hacen. Los

---

* N. de la T.: También conocida como ley del espejo.

demás nos tratan exactamente del mismo modo que nos tratamos a nosotras mismas.

Las enseñanzas de Afrodita son de un valor incalculable para sanar una baja autoestima, una autoimagen deficiente y una falta de confianza en nosotras mismas. Esta diosa nos ofrece su ayuda dirigiéndose directamente a la raíz de nuestros problemas *y nos ayuda a empezar y terminar de asumir la responsabilidad de nuestros propios patrones internos* para poder transformar nuestras relaciones afectivas con naturalidad.

Afrodita sujeta un espejo divino frente a nuestra belleza eterna y nos recuerda que merecemos ser amadas infinitamente. Crea el espacio para que nos deshagamos de nuestros pensamientos negativos y dolorosos, de la desvalorización personal y la vergüenza, y nos percatemos de que la posibilidad de crear nuevos patrones sanos en nuestras relaciones está en nuestras manos.

El reconocimiento de la esencia de lo Divino Masculino

La diosa del amor es portadora de una importante llave sagrada. Ella abre el corazón colectivo de lo sagrado femenino para dar la bienvenida a lo sagrado masculino que está emergiendo.

Afrodita prepara la esencia del alma femenina con el fin de generar espacio para una nueva conciencia de la luz masculina. Este es un aspecto elevado de la esencia masculina que está unificada con lo Divino. Es un despertar espiritual, una conciencia masculina que irradia una luz sanadora sobre las heridas de la humanidad causadas por el miedo y la opresión patriarcal.

Los hombres (o las personas que trabajan con un alto grado de energía masculina) que están accediendo a las «descargas» de esta luz de lo Divino Masculino son aquellos que están preparados para prestar servicio en un nivel pionero de conciencia espiritual.

Estos hombres, igual que las mujeres, deben trabajar con todas las capas superpuestas del condicionamiento social y sanar traumas de sus vidas pasadas. Es posible que hayan tenido encarnaciones en las que vivieron como mujeres al servicio de lo Divino Femenino, y por ello se identifican profundamente con el renacimiento actual de lo Sagrado Femenino. También pueden haber sido hombres con un vínculo muy fuerte con la Diosa, probablemente a través de una función de apoyo, y que además hayan utilizado dones espirituales femeninos evolucionados, como puede ser la adivinación, la intuición, la energía sanadora y demás.

Muchos hombres escuchan ahora la llamada de la Diosa con el fin de despertar a su propósito espiritual. Estas almas especiales han servido y protegido con devoción lo Divino Femenino en vidas pasadas, ya sea en el cuerpo de un hombre o de una mujer. Su mandato en esta vida como hombres (o como personas con un alto nivel de esencia masculina) es mejorar el planeta con el despertar de lo masculino, de la manera que consideren más oportuna.

La celebración de la belleza y la sensualidad

Afrodita llega para recordarles a las mujeres su propia sensualidad natural. Su templo es un homenaje a los placeres suntuosos y estéticos. Ella inspira a las mujeres para que celebren su belleza y su luz femeninas innatas.

Lo femenino es un caleidoscopio de esplendor, color, textura, fragancia, ritmo y pulso. Los elementos en constante cambio que conforman el aura femenina definen su enigmático poder.

Afrodita te recuerda que tu psique está sintonizada con los olores, las formas artísticas, la música, los adornos, las flores, la ropa, las fragancias, los tejidos y los movimientos que más acentúan tu extraordinaria femineidad. Tu energía se incrementa cuando te conectas con todo lo que revitaliza tu sentido de la belleza femenina.

Todo lo que es bello para tus sentidos y tu espíritu
aumenta tu conexión con tu luz interior.

Cuando aprecias tu luz interior, te sientes conectada con tu esencia femenina. Por ejemplo, el simple acto de llevar un vestido de un color precioso que te levanta el ánimo y te hace sentir gloriosa puede marcar una gran diferencia en cómo te sentirás a lo largo del día. En contraste, vestirte habitualmente con ropa que no termina de gustarte, o que eliges sin ponerte a pensar en lo que puede aportar vitalidad a la diosa que reside en tu interior, puede tener un efecto depresivo persistente sobre tu propia percepción espiritual.

Afrodita siempre te guiará para que te convenzas de que la «belleza femenina» surge de tu autoestima y de la conexión con tu espíritu y solo puede enriquecerte. Jamás te animará a que te concentres exclusivamente en tu apariencia exterior, a que te obsesiones con ella ni a que la utilices como una máscara superficial. Esta enseñanza de Afrodita se contrapone a la idea de que las mujeres se definen por su apariencia física y que solo deberían dedicar su energía a mejorar su aspecto exterior.

Afrodita te da permiso para pintarte como una sublime obra de arte que representa la luz y el resplandor femeninos, y aproveches así tu conexión personal con todo lo que revitaliza tu belleza y tu sensualidad.

Las sanadoras y sus relaciones

Si cualquier parte de ti se hace eco de la palabra *sanadora*, eso significa que eres portadora de una inteligencia intuitiva que te permite generar espacios de sanación para los demás. Este es un don magnífico e inestimable. Pero ¿acaso sabes cuál es la responsabilidad que implica este don? ¿Comprendes su verdadero valor? ¿Reconoces el mérito que implica utilizarlo? ¿Aprecias y respetas este don? ¿Eres consciente de que lo utilizas todo el tiempo?

Estás programada para percibir las energías sutiles, y serás capaz de captar vibraciones profundas allí a donde vayas: emocionales, psíquicas, mentales y espirituales. Esto significa que tienes una gran sensibilidad para percibir lo que sucede en cualquier ambiente o circunstancia y en el interior de cualquier persona. Y esto ocurre más allá de que la verdad se exprese abiertamente o no; de hecho, por lo general lo primero que detectas son las verdades negadas y ocultas.

Tu función en las relaciones

Reconocer tu función en el universo es esencial para tu bienestar como sanadora. Si comprendes y valoras tu propia naturaleza sanadora, te resultará mucho más fácil conducir tus relaciones y los patrones que estás creando (y permitiendo crear) en ellas.

Antes de reconocer tu capacidad sanadora innata, puede suceder que tengas graves problemas para manejar los límites en tus relaciones amorosas. Puedes pasar años manteniendo relaciones muy desequilibradas, o incluso caracterizadas por el maltrato. Para decirlo con sencillez, en general esto se debe a que las personas que se sienten instantáneamente atraídas por ti son las que necesitan tu energía sanadora. Y cuando tu alma reconoce que alguien necesita sanación, tu propia respuesta empática automática se pone en marcha y transmites el mensaje energético de que estás disponible para ayudar a esa persona.

Aquí es donde debe entrar en juego tu autoestima para que reconozcas la profunda energía sanadora que posees. En tu función de facilitadora de crecimiento personal y sanación, debes establecer líneas claras y bien definidas. Si todavía no has aclarado tu función sagrada y no la has afianzado con respeto y reverencia, es muy probable que desperdicies tus dones en aguas fangosas. Puede resultarte difícil definir dónde empiezas tú y dónde termina la otra persona. Incluso puedes absorber sus intensas cargas y emociones como si fueran propias y sentirte tentada de hacer el trabajo personal que le toca hacer a ella (o rescatarla por completo).

La verdad es que *muchas de tus relaciones afectivas deberían ser interacciones profesionales.* Para las sanadoras empáticas resulta muy fácil tener una enorme cantidad de amigos y parejas, que en realidad deberían ser sus clientes. Es probable que pases por muchas etapas en las que ofreces a los demás un apoyo terapéutico ilimitado sin recibir ninguna recompensa ni mantener un intercambio justo. A menudo es extremadamente difícil para las sanadoras ser asertivas y poder decir «no», porque al hacerlo sienten que están abandonando y desilusionando a la otra persona, y les afecta mucho ver a alguien que muestra abiertamente su sufrimiento.

No le haces un buen servicio a nadie cuando te pasas de la raya para «rescatar» a los demás de sus problemas y conflictos. No les haces ningún favor porque al hacerlo obstaculizas su crecimiento y su sanación. Y además esa actitud merma *el poder sagrado de tu función:* tú eres un pilar y un ancla para que la luz divina fluya a través de la persona a la que estás ayudando, *creando un espacio profundo para ella* con el fin de que pueda procesar sus propios sentimientos, tomar conciencia de su propio poder creativo y asumir la responsabilidad de su propia vida.

Esta lección puede ayudarte a que te conviertas en una sanadora profesional, si es que no lo eres ya. Y aunque ese no sea tu destino, es vital que prestes atención a tu forma de ofrecer tu energía en tus relaciones afectivas.

Tu bienestar en las relaciones

Como sanadora, en este momento estás desempeñando una función vital en el planeta. En vidas pasadas en las que estabas espiritualmente empoderada (por ejemplo, en la Atlántida o en el antiguo Egipto), gozabas de una posición social muy elevada y, en consecuencia, fuiste protegida, respetada y valorada.

No estabas disponible para cualquier persona que se cruzara en tu camino; por el contrario, tenías la capacidad de valorar y decidir conscientemente de qué forma ofrecer tu ayuda.

Si no te ocupas de tu forma de dar, de las normas que mantienes en tus relaciones y de los límites que estableces con los demás, puedes acabar extenuada y correr el riesgo de dañar tu sensible sistema energético.

Ser un canal para la sanación sin establecer los límites adecuados, o sin asignarle valor a esta función, puede ocasionar que tu vibración personal no esté correctamente alineada. Y puede generar graves desequilibrios en tus relaciones y dañar considerablemente tu fuerza vital y tu espíritu.

Antes de aprender a valorar su identidad sanadora, muchas mujeres parecen no advertir que existen relaciones en las que pueden ser valoradas, cuidadas y respetadas.

El viaje para equilibrar las relaciones afectivas se basa en la conciencia de que solo tú puedes establecer las normas para mantener relaciones en las que te amen y te respeten como te mereces.

La bendición de Afrodita para todas las sanadoras

Hubo un tiempo en el que fuiste una sabia y poderosa sanadora que practicaba la sabiduría profunda, la conciencia sagrada y el amor incondicional. Trabajabas en la Tierra con devoción, pero más tarde fuiste desterrada.

Puede que hayas resistido, retornando en esta vida a un planeta que necesitaba sanación.

Fue la Gran Diosa quien te anunció que debías marcharte. Y regresaste a la Tierra portando los restos de un corazón destrozado, un espíritu herido y una mente fragmentada.

Al parecer, todavía llevabas en tu conciencia la creencia de que no eras digna de respeto.

Al parecer, todavía llevabas en tu conciencia la mentira de que tu energía femenina era errónea, vergonzosa y no merecía atención.

Al parecer, todavía llevabas en tu conciencia la expectativa de ser humillada, desvalorizada y maltratada.

Al parecer, todavía pensabas que por ser una mujer con poderes interiores evolucionados, necesitabas ser muy cauta para que los demás no se sintieran amenazados.

Al parecer, todavía llevabas en tu interior la capacidad de desanimarte en cada oportunidad y aceptar las afrentas de los demás sin cuestionarlas.

Cuando llegaste por primera vez aquí, olvidaste temporalmente que eras una emisaria de la Diosa.

Has olvidado quién eres.

Es posible que hayas aceptado soportar relaciones en las que los demás se aprovechaban de ti, te menospreciaban o incluso te maltrataban. Quizás hayas aceptado simular que esas relaciones eran «el amor». Te dedicaste a complacer a los demás, aunque eso significara perderte a ti misma o perder el contacto con tu propia verdad a lo largo del proceso. Tal vez en algunas ocasiones hayas llegado tan lejos en tu empeño por satisfacer a los demás que tu propia conducta te ha hecho daño y te ha agotado.

Y debido a todo esto, una parte lejana de ti comenzó a preguntarse: «¿Qué es lo que está pasando aquí, Hermana de la Luz? ¿Por qué estás permitiendo que pisoteen tu dignidad? ¿Por qué confundes las necesidades del ego de quienes demandan atención, aprobación y adulación con el verdadero amor y el respeto? ¿Por qué permaneces en relaciones que no son auténticas por el mero hecho de obtener seguridad, crear distracciones y evitar así conectarte con tu verdadero ser?

»¿Por qué te has olvidado del potencial sagrado de transformación que posee el amor?

»¿Qué es lo que estás haciendo? ¿Acaso no recuerdas tu origen? ¿No recuerdas tu grandeza? ¿No sabes QUIÉN ERES?».

Esta es la parte de ti que está arraigada en la Conciencia de la Diosa. Esta parte de ti es tu Ser Superior.

Es el aspecto que ha vivido a través de la gloria de tu poder de Diosa y de la expresión femenina creativa, la gracia de sentirte segura y deseada en este planeta, la alegría de vivir entre aquellos que veneran tus huesos sagrados.

Esta parte de ti ha sobrevivido a la humillación del exilio. Ha sobrevivido a pesar de que fuiste tratada como una mujer potencialmente peligrosa para la sociedad.

Ahora, esta parte es positiva para ti. Recuerda y reclama los orígenes antiguos de tu alma para que puedas elevarte una vez más y recuperar el respeto por ti misma y tu autoestima. Está haciendo todo lo posible por despojarte de todas las creencias restrictivas que quieren persuadirte de que no eres lo suficientemente buena.

Este Ser Superior, esta chispa de la Diosa, te dirige palabras amables pero a la vez firmes. Ella te dice:

«Salve, Hermana. Has retornado para traer la luz y la sanación a todas estas heridas y creencias erróneas sobre tu verdad femenina. En este momento estás recibiendo una profunda sanación. Ahora es el tiempo de tomar decisiones conscientes. Puedes elegir y afirmarte, con todo el universo por testigo y colaborando con esta intención.

»Pronuncia estas palabras en voz alta o mentalmente con determinación:

Elijo el honor. Elijo el respeto. Elijo la libertad de expresión. Elijo ser amada plenamente. Elijo ser aceptada. Elijo sentirme segura. Elijo ser respaldada. Elijo ser bienvenida. Elijo ser vista. Elijo ser escuchada.

Elijo ser reconocida por mi resistencia en el pasado. Elijo sanarme a mí misma y facilitar la sanación para otros de una manera abierta y sin avergonzarme.

Y dejo ahora que la radiante verdad de mi alma refleje mi recuperada autoestima, así como también el amor por mí misma que se manifiesta cada vez más profundamente en todas mis relaciones afectivas.

Todas las relaciones de mi vida responden ahora al cambio positivo de mis patrones internos.

La primera vez que regresé a la Tierra traía la falsa creencia de que no era digna y no merecía el reconocimiento de los demás. Tal vez haya desvalorizado mi ser de diosa con el propósito de no perturbar el statu quo.

Ha llegado el momento de modificar esos pensamientos.
Ahora genero vínculos afectivos equilibrados, e inspirados en la igualdad y en el crecimiento. Me siento segura y disfruto de todas mis relaciones. Soy verdaderamente valorada y bienvenida. El dar y el recibir mantienen un equilibrio perfecto.

»*Que así sea*».

✵ Meditación ✵
Relaciones conscientes y enriquecedoras

Puedes practicar esta meditación leyéndola por etapas, y luego deteniéndote para sentir la energía y visualizarla, o grabándola.

1. Encuentra un lugar donde puedas sentarte cómodamente con la columna vertebral apoyada, aunque también puedes tumbarte. Asegúrate de que nadie te perturbará durante al menos treinta minutos. Respira suavemente llevando el aire al pecho varias veces y abandónate. No hagas ningún esfuerzo, limítate a sentir que empiezas a calmarte y relajarte.

2. Afrodita, la diosa del amor, está aquí. Trae un cristal de cuarzo rosado en sus manos, cargado con sus energías divinas. Una rosa de un color rosado profundo emerge del centro de la piedra.

3. La rosa entra en tu chakra del corazón, tu centro espiritual del amor y las relaciones. La rosa resplandece, se abre y se extiende por todo el plexo cardíaco, y su luz fluye y baña tu cuerpo y tu aura.

4. Afrodita te está sintonizando con la conciencia superior del amor y las relaciones. *Su luz contiene códigos que se activan gracias al cristal de cuarzo rosado que está alojado en su templo astral. En este preciso momento te está conectando con este templo. Tus sentidos superiores están inmersos en*

la sabiduría sagrada de Afrodita. *Ella te está abriendo para que dejes que tu intuición te sirva de guía en tus relaciones.* Pronto te mostrará cuál es el siguiente paso para crear una dinámica superior en el amor y las relaciones.

5. Concédete ahora mismo un espacio sagrado para abrirte a nuevos conocimientos acerca de dar y recibir amor. No debes dar nada por sentado, ni tampoco pretendas darle un sentido; limítate a aceptar todo lo que llegue a ti. *Si detectas a una persona con tu visión interior, considéralo como algo muy significativo.* Deja que Afrodita y tu conocimiento intuitivo te muestren la sanación disponible para ti y para esa persona. Tal vez veas, o sientas, otros mensajes de tu Ser Superior y de Afrodita. Esos mensajes pueden expresarse de diversas formas, por ejemplo a través de colores, música, palabras o símbolos. Puede ser una visión que se parezca mucho a una película, o puede ser una indicación que debes seguir. Ya estás preparada para experimentar una nueva frecuencia en tus relaciones.

6. Afrodita te fusiona ahora con el cristal de cuarzo rosado más grande que jamás hayas visto y te dice:

Estoy ofreciéndote mi ayuda para que te abras al nivel más profundo de conexión que jamás antes has experimentado.
No cabe duda de que has sido firmemente guiada para trabajar contigo misma durante muchos años antes de alcanzar esta nueva vibración en tus relaciones.
Si estás empezando a mirar dentro de ti misma, este trabajo interior seguirá preparándote para ello.
Si recibes el mensaje de que debes abandonar una relación porque esa persona ya no te sirve para tu crecimiento, serás guiada y respaldada por los rayos del cristal de cuarzo rosado.

*Si mantienes una relación con un cabal conocimiento
de ti misma y libre de culpa, podrás desplazarte
suavemente a lo largo del camino de la luz.
Es posible que ahora te guíen para que pases más
tiempo a solas en lugar de estar en pareja, algo
que es común para los hombres y las mujeres que
están en el camino del crecimiento superior.
Esto puede ser duro de aceptar y en ocasiones no corresponder
con lo que realmente quieres. Muchas de vosotras habéis
estado solas durante mucho tiempo, ya que a menudo eso
suele ser un elemento central de la preparación espiritual
para acceder a una mayor intimidad y a una nueva clase de
relación afectiva. Debes saber que tú y todas tus relaciones
recibís mis cuidados mientras los rayos de la luz de mi rosa
se dirigen hacia ti. Hay un plan sagrado en marcha para ti.
Haz caso de tu guía femenina, querida mía. Mi rosa
está en tu corazón, y él está despertando.*

7. Afrodita apoya sus manos sobre tus hombros. Su presencia consolida su descarga sagrada en tu ser físico.

8. En este momento se están produciendo muchos cambios en las frecuencias espirituales de tu campo energético. Estás alineada con tu destino superior para que tu conciencia evolucione en el campo del amor y las relaciones.

9. Visualiza ahora todas tus relaciones vibrando en los niveles superiores de la luz. Afrodita las bendice a todas, incluidas las del pasado.

10. Siente la tibieza rosada del éxtasis sensual fluyendo por tu cuerpo. Tu corazón recibe ahora la guía de la sabiduría de Afrodita. *Tienes que esperar el alba de la nueva era de tus relaciones.* Eres una pionera de estas conexiones conscientes. Estás trayendo el carácter sagrado de la Diosa al reino del amor y la amistad.

Mientras meditas en todas tus relaciones, iluminada por las transmisiones de Afrodita, tus iniciaciones sagradas femeninas se completan. La diosa del amor te está preparando para un viaje desenfrenado. Te conduce hacia la oscuridad y la profundidad, hacia lo indómito y lo liberado.

Allí es donde tú te elevas.

Tercera parte

Transformar

Capítulo 7

El templo de Lilith

La invitación

Estás de pie, descalza sobre la tibia hierba. Tu cuerpo siente que ha madurado bajo el sol; tu corazón está abierto como una atrevida flor de verano. Una túnica de seda rosada acaricia tu cuerpo que antes estaba desnudo. Profundamente relajada, te balanceas con suavidad, y tus caderas responden a la naciente Shakti que burbujea en la base de tu espina dorsal.

Cada minuto que pasa el sol calienta un poco más. Ahora sus rayos son muy intensos, y además tienes la sensación de que el fuego está elevándose desde del interior de la tierra. A través de la bruma reluciente puedes ver que el Círculo de las Diosas se mantiene de pie firmemente arraigado en la tierra.

Las diosas señalan al unísono una forma lejana e imponente que se levanta sobre el horizonte. Miras hacia allí con los ojos entrecerrados para evitar que el sol te deslumbre. Es una montaña.

Abandonando el círculo, Afrodita da un paso adelante y comienza a hablarte con una voz muy suave:

«Hermana de la Luz, ha llegado el momento de reclamar tus poderes interiores más profundos. Ha llegado el momento de establecer la mayor unión con tu alma. Volarás hacia un secreto que mora en el centro de

esta montaña sagrada, el monte Shasta. Tu vuelo se producirá en las dimensiones invisibles de la Diosa. En este viaje volverás a encontrarte con tu aliado más poderoso. Estás a punto de entrar en el templo de Lilith».

En un instante eres transportada hacia un nuevo lugar donde hace todavía más calor que antes. Estás de pie junto a la entrada de una caverna que hay en la ladera de la montaña. El calor realmente te está afectando. Como si estuvieras hipnotizada, sientes girar en tu cabeza innumerables imágenes desenfrenadas y alucinatorias que no tienen ningún sentido.

Una fuerza magnética te empuja hacia el interior de la caverna. Caminas, bailas, vuelas, giras en círculo y en espiral... adentrándote cada vez más profundamente en los pasajes interiores de la cueva. Y llegas a tu destino en un estado onírico.

De repente te quedas sin aliento. Allí está Ella.

Lilith, la que seduce al espíritu del fuego femenino, se manifiesta ante ti y la ves envuelta en llamas.

Lilith, la guardiana de tus sueños más salvajes.

Lilith, la guardiana de tus secretos sagrados.

Lilith, la portadora de la llave de tus deseos más íntimos.

Lilith, el modelo de tus profundos misterios sexuales.

En su presencia embriagadora, tu cuerpo ya no puede mantenerse erguido. Sus energías queman tu resistencia a amar. Caes en sus brazos, y finalmente te pierdes en Su poder silencioso. ¡Qué largo ha sido el viaje! Gritos de éxtasis y de anhelos reprimidos escapan de tu pecho. Lágrimas de un alivio creciente trazan ríos salados en tus mejillas.

Has encontrado a quien ni siquiera recordabas que existía. Has encontrado a quien había sido totalmente disuelta de tu conciencia. Has encontrado a quien puede iluminar los fuegos ancestrales, sofocados durante tanto tiempo en tu alma.

No se intercambian palabras mientras la diosa del santuario femenino interior te mece y te devuelve a la naturaleza y a la imperturbable autoridad interior.

Te encuentras ahora en el templo de Lilith.

¿Quién es Lilith?

Lilith posiblemente sea más conocida en la mitología judía como la primera mujer creada y emparejada con Adán. Cuando Lilith y Adán hicieron el amor por primera vez, él le ordenó que adoptara un rol sumiso y ella se negó. Se dice que Dios entonces creó a Eva, una mujer más dócil y complaciente, para emparejarla con Adán.

Lilith estaba determinada a escapar del Jardín del Edén para tener una existencia libre de ataduras entre las diosas primigenias de Oriente Medio. Engañó a Jehová para que le revelara su nombre de poder secreto, y así liberó sus alas y pudo volar a través del desierto.

En su tierra natal presidió las prácticas del sexo sagrado y, junto con la diosa Inana de Sumeria, creó templos de sanación sexual comunitaria.

La fuerza y la asertividad de Lilith han sido ampliamente negadas por el patriarcado. En diversos textos religiosos se la describe como un súcubo (un demonio femenino que seduce a los hombres para destruirlos). Su conexión con la sexualidad femenina rebelde no se aviene con las religiones dominadas por los hombres; por lo tanto, ha sido representada como espiritualmente corrupta y moralmente repugnante.

El hecho de que se haya representado a Lilith como una fuerza venenosa de insatisfacción demuestra lo provocadora que puede ser para aquellos que sienten temor de lo femenino auténtico.

Lilith no solamente simboliza el alma femenina indómita que no puede ser capturada; también posee las verdades arcanas que pertenecen a los reinos de la psique *femenina oscura.*

Lilith es una fuerza interior vasta, oscura o profunda de lo femenino cósmico que no puede ser compartimentada. Ha sido considerablemente malinterpretada por aquellos que siguen insistiendo en negar la Conciencia de la Diosa, ya sean hombres o mujeres.

La han asociado a los símbolos del búho, la serpiente y la luna creciente.

Ahora Lilith está revelando los secretos cósmicos de la Diosa oscura que son altamente sagrados. Estas claves místicas empiezan a estar disponibles para todas las mujeres que están preparadas para integrar todos los aspectos de la energía femenina, demostrar sus poderes más profundos y ponerlos al servicio de la humanidad. Los temas arquetípicos de Lilith son los siguientes:

• Lo Divino Femenino oscuro y la sombra.
• El poder sexual y el erotismo sagrado.
• Las temporadas de soledad.

Lo Divino Femenino oscuro y la sombra

Lo Divino Femenino oscuro comprende los elementos de la energía de la Diosa que son *profundos y poderosos y tienen una enorme capacidad de transformación.* La «oscuridad» se refiere al aspecto intrínsecamente misterioso y desconocido de esta energía: sus cualidades de profunda espiritualidad interior y sabiduría insondable. Lo Divino Femenino oscuro posee las claves sagradas para aumentar de manera exponencial el poder interior y la autorrealización.

La vibración femenina oscura también está incorporada en el despertar de la energía del vientre. El chakra del abdomen es el centro de la creatividad, y cuando está abierto irradia información intuitiva sobre el propósito superior del alma de una mujer. Todas las diosas que transmiten lo femenino oscuro activan la sabiduría sagrada del vientre de una mujer.

Estas energías son extremadamente sagradas. Se debe acceder a ellas de una manera sabia y con discernimiento pues también poseen un gran poder de transformación, y no cualquier persona está preparada para los grandes cambios internos que desencadenan.

Hay algunas diosas que encarnan las energías oscuras de una manera muy pura. *Llegan a nuestra vida cuando estamos dispuestas a firmar nuestro contrato femenino sagrado* y se convierten en un recipiente limpio y transparente para que la Diosa pueda trabajar en él. Los arquetipos portadores de la vibración de la Diosa oscura que presento en este libro son Kali, Hécate, Lilith, María Magdalena e Isis.

Trabajar con los aspectos femeninos oscuros de tu alma requiere una intención consciente, un profundo coraje, persistencia y disponibilidad para asumir la responsabilidad espiritual.

Cuando lo femenino oscuro está preparado para salir a la luz, anuncia el ascenso de tu esencia no utilizada de una manera abierta, sin disimulo. Eso significa que te metes de lleno en tu psique con una firme determinación y con el compromiso de amar *todas y cada una de las partes de ti misma* y no solamente las que son aceptables, complacientes y agradables.

Es entonces cuando puedes comenzar a mirar cara a cara a tu mujer-sombra. Todos tenemos un lado oscuro y trabajar con él es un aspecto esencial del crecimiento interior.

A menudo la sombra se manifiesta por primera vez cuando entramos en un espacio de transformación. Imagina que entras en una zona bañada por la luz radiante del sol. Es precisamente en ese momento cuando puedes ver con más claridad tu propia sombra física. Lo mismo sucede con tu mujer-sombra. Ella con frecuencia se esconde sagazmente antes de ser bañada por la luz. Suena paradójico pero suele ocurrir que tu sombra se da a conocer en cuanto entras en un espacio seguro y sanador.

El poder sexual y el erotismo sagrado

El sexo sagrado es esencialmente la conciencia de que las relaciones sexuales pueden ser más que un acto físico de deseo, o incluso una conexión emocional. *Cuando se establece un pacto vinculado con una intención y un ritual sagrado, el sexo puede abrir canales hacia lo Divino.* La sexualidad puede ser una práctica espiritual sinérgica que nos pone en contacto con nuestra naturaleza superior.

Incluir lo sagrado en el erotismo y el sexo es una práctica sanadora para las mujeres, porque nos vuelve a conectar con las antiguas raíces de nuestra alma que recuerdan el sexo como un acto de veneración y posiblemente también como una experiencia alquímica trascendental. Asimismo nos ayuda a recordar el espectro completo de nuestra sexualidad femenina: tenemos campos energéticos sexuales de múltiples dimensiones que no solamente son canales para el éxtasis espiritual, también poseen dones sanadores.

Las sanadoras portan los códigos del despertar sexual que están enterrados en lo más profundo de sus cuerpos. Lilith tiene las llaves para desbloquear estas energías metafísicas imbuidas de la sabiduría sexual espiritual de la Diosa.

Lilith trabaja con las *energías sagradas de la diosa Kundalini*, un cuerpo de luz con forma de serpiente enroscada que descansa en la base de la columna vertebral para despertar tu carga sexual, espiritual y creativa latente.

Las temporadas de soledad

El despertar de Kundalini es un proceso esencial que debe ser honrado. Esta misteriosa agitación de las energías puede precipitar cambios en tus relaciones íntimas, y esto sucede porque en un nivel profundo estás experimentando *el renacimiento de la sabiduría sexual sagrada*. Se trata de un proceso de recalibración de gran sensibilidad que tiene múltiples capas.

No es difícil que durante estos cambios vitales atravieses largos periodos sin mantener ninguna relación romántica, íntima y sexual. Algunas personas pueden tardar muchos años en volver a sintonizar con estas energías.

Es una fase que puede ser muy complicada. Puedes sentirte sola y carecer del impulso vital que provoca el hecho de sentirse deseada y amada por otra persona. Quizás eches de menos el contacto físico íntimo, el compañerismo y la realización emocional que ofrece una relación de pareja.

No mantener ninguna relación romántica durante un determinado periodo de tiempo parece ir en contra de lo que la sociedad sugiere que hay que hacer para ser felices. Cuando se pretende definir el estado más seguro y exitoso del ser, a menudo se ponen como ejemplo las relaciones de pareja. Estar sin pareja durante largas temporadas, sin haber decidido ser célibes por razones religiosas, puede percibirse como algo penoso e indeseable, y en ocasiones también como un tabú.

No obstante, Lilith trae consuelo y tranquilidad, o al menos iluminación, para esta delicada cuestión de retirarse de las relaciones íntimas con el propósito de desarrollar lo femenino espiritual. Nos muestra que la Diosa puede traer a nuestros ciclos de sanación, despertar y transformación *preciosas joyas que solo podemos descubrir en las temporadas de soledad*.

El toque de Lilith

El toque de Lilith llega cuando *estamos realmente preparadas para asumir nuestro poder.* Trae las claves que desbloquean nuestros espíritus femeninos por completo: las partes del alma de la Diosa que pueden haber estado ocultas a la vista y que, sin embargo, contienen todo lo que estábamos buscando para sentirnos completas.

Con la energía de Lilith es imposible mantenernos en la superficie: debemos ahondar en lo más profundo de nuestro ser. Y eso significa aceptar la mujer-sombra que habita en nuestro interior y que intentamos fingir que no existe.

El inmenso don de lo femenino oscuro es que ofrece un espacio de sanación contextual para lo que en *psicología analítica* se conoce como «la sombra». Para decirlo en pocas palabras, el fundador de esta disciplina, el psiquiatra y psicoanalista Carl Jung, afirmaba que la sombra es *la parte inconsciente de la personalidad*: nuestro «lado oscuro». Con frecuencia se denomina «lo oscuro» porque contiene los fragmentos de nuestro ser *para los que aún no nos ha llegado la iluminación, esos fragmentos que intentamos mantener lejos de la vista y a los que consideramos negativos e inaceptables.* Entre ellos también puede haber deseos, pasiones y sueños positivos. Pero si estamos convencidos de que no nos merecemos lo que deseamos en secreto, reprimimos esos deseos y los mantenemos a la sombra.

Hablando en términos sociales y morales, para las mujeres es especialmente conflictivo ser percibidas como personas que tienen emociones o identidades sombrías o enigmáticas. Las mujeres pueden sentir con frecuencia la necesidad de encubrir los pensamientos y sentimientos que no son agradables ni aceptables y que pueden dar la imagen de que no son «buenas chicas». Esto resulta comprensible ya que somos constantemente inducidos a mirar la psique femenina a través de una lente muy estrecha, lo que resulta frustrante. Y sin embargo, solamente conseguimos acceder a nuestra naturaleza multifacética trabajando para descubrir lo que hay dentro de nuestras sombras.

¿Por qué está conectada la mujer-sombra con lo femenino oscuro?

A continuación presento algunos aspectos de nuestra naturaleza oscura y vibrante de lo Divino Femenino, de la que podemos renegar y a la que también sublimar de forma inconsciente. La mujer-sombra está hecha de todo *lo que es instintivo para nuestra alma femenina* y contra lo que luchamos para concedernos el permiso de reclamarla como propia.

- La ira y el furor: ¿qué es lo que te enfada?
- La pasión y el deseo: ¿qué es lo que quieres?
- El anhelo y el ansia: ¿qué es a lo que aspiras en secreto?
- El hambre y el apetito: ¿qué es lo que te estás negando a ti misma?

Si suprimimos el *carácter salvaje* de este tipo de elementos, corremos el riesgo de bloquearnos y abstenernos de reclamar:

- Nuestro poder.
- Nuestra creatividad.
- Nuestra luminosidad.
- Nuestro destino superior.

Cuando nuestra alma quiere expresar sus dones, necesita que *nos hagamos responsables de las consecuencias de ser poderosas*. Si pudiéramos poseer todo lo anterior, ¿de qué manera afectaría esto a la forma en que hemos vivido y nos hemos comportado?

¿Qué es lo que deberíamos cambiar o arriesgar? ¿A qué deberíamos decir «sí»? ¿A qué deberíamos empezar a decir «no»? ¿A qué deberíamos dar prioridad? *Y lo más importante: ¿qué es lo que la gente podría pensar de nosotras?*

¿De dónde procede la mujer-sombra?

Tenemos mucho miedo de las consecuencias que puede tener el hecho de aceptar nuestro poder y nuestros dones. Tal como Caroline Myss describe en su libro *El Contrato Sagrado: el despertar de tu potencial divino*, nuestras sombras están «esencialmente arraigadas en patrones de miedo que tienen más control sobre nuestra conducta que nuestra mente consciente». Temamos el poder de transformación que tiene lo femenino oscuro, y por eso hemos renegado de la rica y abundante energía de nuestra alma; la empujamos hacia abajo, hacia la mujer-sombra.

Ella puede manifestarse de cualquiera de las siguientes formas:

- Celosa y envidiosa.
- Chismosa y con dos caras.
- Superior y sabelotodo.
- Manipuladora y saboteadora.
- Controladora y entrometida.
- Irritada y deprimida.
- Cínica y cerrada.

- Culpable y avergonzada.
- Victimizada y oprimida.
- Crítica y sentenciosa.
- Adicta y compulsiva.

Cuando renegamos de partes de nosotras que consideramos aborrecibles y débiles, *tendemos a proyectar esas cualidades* en otras personas y en el mundo exterior. Esto significa que las detectamos en los demás, pero no en nosotras mismas.

Es una manera de distanciarnos de lo que más necesitamos confrontar: la forma en que sofocamos nuestro poder y todos los aspectos en los que somos increíblemente poderosas. Es un modo de evitar sentir el dolor de no vivir, ni contribuir, que es lo que realmente anhelamos.

La mujer-sombra no analizada gobierna nuestra vida de una forma negativa y limitante. Si no conseguimos integrarla, puede consumir nuestra vitalidad hasta agotarla e impedirnos vivir nuestro destino apasionado.

Acceder a la transformación a través de la mujer-sombra

Amar y aceptar a la mujer-sombra es uno de los actos de autosanación más importantes que puedes realizar, y constituye una clave para la transformación de lo femenino oscuro. Sacarla a la luz y acercarla a tu corazón es el paso que liberará una fuente de energía creativa que mana a borbotones dentro de tu ser.

Es aconsejable que busques encuadres profesionales para *hacer un profundo trabajo con la sombra*, como puede ser la psicoterapia. Es muy importante que cuentes con espacios emocionales que te ofrezcan seguridad para poder procesar todo este material.

Para empezar, puedes hacer una lista de aquello que consideras negativo, inaceptable o vergonzoso de tu comportamiento y que no te gustaría que conocieran otras personas. Por ejemplo: «Siento que me invade la envidia cuando veo a personas de éxito que están cumpliendo sus sueños», «Consigo que mi pareja sentimental se sienta culpable por no complacerme», «Como, bebo o trabajo en exceso, o insuficientemente, o tomo fármacos o drogas, porque es mi forma de evitar .... [llena el espacio en blanco]», «Cuento chismes o hablo mal de otras mujeres», «La maternidad me parece absolutamente agobiante y a menudo tengo el deseo de escapar», «Limpio o compro cosas de forma compulsiva», «Intento mantenerme muy ocupada porque tengo miedo de sentir .... [llena el espacio en blanco]».

El mero hecho de escribir una oración ya es un paso enorme. No tienes que «hacer» nada más que escribir. Te has enfrentado a una parte de tu sombra, y esa actitud ya libera una gran energía por sí misma. Todos sentimos y hacemos este tipo de cosas. Sin embargo, no somos malas personas, no somos inaceptables, y tampoco se nos puede culpar por hacerlas.

Después de escribir, pronuncia en voz alta o mentalmente: «Me estoy enfrentando con valentía a mi mujer-sombra. La quiero, la abrazo, y sé que está asustada y sufriendo a pesar de lo que manifiesta. Le pido que me enseñe sus tesoros, pero también su dolor. Ahora soy consciente de la mujer-sombra, y puedo escuchar lo que tiene para decir. Mujer-sombra, te agradezco que me reveles dónde se esconde mi poder».

Liberar la rabia

Lilith comparte la maestría de lo femenino oscuro mediante la aceptación de todo aquello que se considera un tabú. Tiene las claves para liberar la rabia de las mujeres, tanto a nivel colectivo como individual.

A las mujeres se las alienta insistentemente
a negar la energía de la rabia.

La rabia es una cualidad de lo Divino Femenino oscuro. No es destructiva cuando se la reconoce y canaliza en nombre de la justicia y como una expresión creativa sana. La escritora feminista Chimamanda Ngozi Adichi dice: «Estoy enfadada. Todas deberíamos estarlo. La rabia tiene una larga historia por su capacidad de producir cambios positivos».

Debemos expresar la rabia sin sentirnos avergonzadas. Debe ser el combustible para el resurgimiento de la mujer poderosa (y de lo sagrado femenino). *Estar rabiosa es diferente a ser hostil, estar a la defensiva y quedarse estancada en la ciénaga de la opresión.* Reconocer nuestra *rabia colectiva* de una manera positiva es encender el fuego de la emancipación.

En un nivel personal, es muy sanador llegar a afirmar «estoy enfadada» sin censurarse. Limítate a reconocer y expresar libremente tu rabia. Manifiesta tu enfado en terapia, golpea una almohada, corre, grítale al viento, baila, escribe, pinta, canta, ruge estrepitosamente y canalízalo. Sí, tienes derecho a estar enfadada. Sí, esta energía es segura. Sí, sigues siendo amable, compasiva, cariñosa, gentil y buena; pero también eres una guerrera feroz, una campeona de la justicia, una fuerza motriz que se recupera del trauma y de la opresión, y una portadora apasionada de la verdad.

Si atraviesas ciclos regulares en los cuales te liberas conscientemente de rabias del pasado, podrás descargar tu psique de una forma maravillosa que pone en evidencia el oro incondicional de los anhelos de tu alma. El oscuro fuego de tu creatividad femenina puede arder brillantemente. Ese fuego no es tan ardiente como para quemarlo todo y reducirlo a cenizas, es un fuego que genera un calor transformado y recuperado, que agita intensamente el mundo con sus llamas.

✮ Meditación de Lilith ✮
El despertar de Kundalini

Puedes practicar esta meditación leyéndola por etapas, y luego deteniéndote para sentir la energía y visualizarla, o grabándola.

1. Encuentra un sitio tranquilo para sentarte cómodamente con la espina dorsal apoyada, o también puedes tumbarte. Asegúrate de que nadie te molestará durante al menos treinta minutos. Respira varias veces con suavidad llevando el aire hacia el pecho. No debes hacer ningún esfuerzo; dedícate sencillamente a sentir cómo empiezas a calmarte y relajarte.

2. Visualiza una estrella dorada hecha con dos tetraedros, que rodean completamente tu aura. La estrella es tu *merkaba*, o vehículo de luz, una estructura que gira y te ofrece una protección espiritual total mientras viajas a otras dimensiones.

3. La diosa Lilith coloca *una flor de luz* por debajo de tu chakra raíz, en torno a la base de tu columna vertebral.

4. Lilith bendice la luna creciente sobre el chakra del tercer ojo, besándolo con delicadeza. Ahora te encuentras en lo más profundo de la cueva de Lilith en el centro del monte Shasta, en California.

5. Lilith se prepara para despertar a tu diosa Kundalini. Este es un momento poderoso de activación de tu alma. Puedes sentir que la zona que se encuentra en la base de tu columna vertebral, alrededor de tu vientre y en la parte baja de la espalda, se calienta y se carga.

6. Lilith enciende muchos fuegos alrededor de tu cuerpo y convoca a los espíritus guías y a los chamanes de civilizaciones antiguas, como pueden ser los egipcios, los sumerios, los babilonios, los asirios, los nativos americanos, los aztecas y los mayas. Te pone en contacto con el poder de los portales de las pirámides de Egipto.

7. Tu Kundalini comienza ahora a desplegarse y ascender. Contémplala como una luz pura que burbujea y chisporrotea con energía.

8. Observa qué es lo que sucede con tu serpiente Kundalini mientras despierta. Quizás tan solo se eleve unos pocos centímetros y se extienda hacia fuera...; tal vez suba hasta el centro cardíaco... o acaso ascienda más allá del corazón. Aquí no hay ningún objetivo: tu alma solo permitirá que se produzca la activación correcta para este momento. Y esto puede cambiar cada vez que hagas esta meditación. Absorbe esta extraordinaria fuente de luz y déjate nutrir por ella. Concédete permiso para sumergirte cada vez más, abandonándote de verdad.

9. Esta activación provoca que tus portales internos se abran a la sabiduría sexual sagrada, y también representa una profunda sanación de las experiencias de abuso emocional y sexual. Si has liberado tus emociones durante esta meditación, debes saber que Lilith está justamente a tu lado.

10. Deja que esta energía continúe lavándote por oleadas. Cuando estés preparada, visualiza una vez más la estrella dorada alrededor de tu cuerpo. Respira en profundidad y comienza lentamente a tomar contacto con el espacio en el que te encuentras.

11. Conéctate con la tierra y también con las transmisiones que has recibido. Agradece a Lilith y a todos los guías espirituales que te han asistido.

Expresar la rabia me libera

Como ya he descrito en otra parte del libro, muchas de mis emociones infantiles afloraron a la superficie durante los procesos creativos de concepción, embarazo y parto, y no tuve otra opción más que afrontarlo.

Cuando estaba embarazada de mi primera hija, sufrí una fuerte erupción de un intenso color rojo que me cubrió completamente el pecho y que parecía una quemadura de tercer grado. Por primera vez en mi vida consulté con una homeópata, y en cuanto entré en su consulta se giró hacia mí y me dijo: «Dios mío, ¿por qué estás *tan* enfadada?».

Esa fue mi primera experiencia con este tipo de terapia. Me quedé absolutamente perpleja, tomé asiento y tartamudeé: «Bueno, supongo que... no lo sé... Pienso que... Bueno, perdí a mi madre cuando tenía cuatro años».

Esta afirmación marcó el inicio de mi viaje de sanación. Tardaría muchos años en abrir mi corazón antes de experimentar un avance realmente importante, que se produjo a partir de que empezara a liberar mi rabia. Por aquel entonces ya tenía una hija y estaba esperando a la segunda. Había hecho psicoterapia y también otras terapias holísticas. Como ya he explicado anteriormente, mi conexión con Pat, una psicoterapeuta y facilitadora de la terapia del renacimiento, fue lo que ocasionó mi sanación interior más profunda.

Asistía a las sesiones de terapia de renacimiento con Pat como parte de mi preparación para dar a luz. Durante una de esas sesiones de conexión consciente, estaba tumbada en el sofá mientras Pat, sentada a mi lado, me agarraba de la mano como siempre solía hacer. Mientras respiraba, mis patrones emocionales y mentales empezaron a fluir de mis células como si fueran un río. Pronunciando palabras amables, Pat me condujo hacia un espacio donde se encontraban los intensos sentimientos que yo había censurado durante mucho tiempo.

En ese momento entramos en el reino de la rabia. Era un territorio virgen, y Pat me alentó a expresar los verdaderos sentimientos suscitados por la muerte de mi madre. Dentro de mí se produjo una especie de erupción volcánica que pudo salir a la superficie gracias a la enorme confianza y seguridad que sentía en ese espacio.

No puedo recordar cuáles fueron las palabras exactas que utilicé para expresar finalmente mis sentimientos más impronunciables, la cólera que sentía por haber sido abandonada por mi madre cuando era apenas una niña. Sé que grité: «TE ODIO». Y esas palabras que contenían todos los fragmentos de mi corazón cargado de culpa, confuso, traicionado, atrincherado y destrozado se dirigieron hacia el cosmos como un meteoro.

Pat dijo «gracias». Utilizó esa poderosa afirmación para honrar mi valor para liberar lo que sentía. De inmediato comencé a experimentar una maravillosa sensación de ligereza en todo mi cuerpo que no conocía. Sentí que mi corazón se llenaba de amor y perdón. Fue un gran descubrimiento. Había tardado muchos años en tomar conciencia de lo que realmente sentía, y el hecho de poder expresar mi cólera sin autocensurarme me devolvió la vida.

Mi terapia continuó, y durante muchos años seguí trabajando en mi sanación y buscando profundamente en mi interior. Estoy absolutamente convencida de que haber sido capaz de *pronunciar lo impronunciable* en el momento perfecto, en el contexto perfecto, fue mi salvación. *Al expresar la rabia me permití abrirme al amor.* Dejé que el perdón obrara milagros en mí.

Poder expresar esas palabras en un contexto de sanación fue uno de los actos más valientes de mi vida. Reconocer y soltar mi rabia fue lo que me liberó.

Las temporadas de soledad

Mi despertar espiritual comenzó con la ruptura de mi matrimonio. En aquel entonces ignoraba que durante los siguientes doce años de mi vida no habría de tener ninguna relación íntima importante. Antes de que mi matrimonio se disolviera, rezaba con devoción para tener una nueva pareja. Mirando atrás, ahora comprendo que estaba comenzando a sintonizar intuitivamente con un nuevo tipo de pareja regida por la energía del alma.

Fue como si la *necesidad* que tenía de mantener una relación amorosa con un hombre tuviera que emerger a la superficie con intensidad; y para ello debía soportar sentirme sola en muchos momentos. Independientemente del fervor con el que rezara, no recibía lo que en aquella época creía que deseaba. Aunque tuve algunos breves romances, algunos de los cuales fueron bastante importantes para mí, la mayor parte del tiempo estaba sola y predominantemente célibe.

A pesar de que en algunas ocasiones mi ego se quejaba con vehemencia, era espiritualmente consciente del valor que tenía ese periodo de abstinencia de cualquier tipo de intimidad sexual. En esa época purgué y procesé las emociones que había experimentado en mis anteriores relaciones íntimas y encontré un espacio *para volver a sintonizarme energéticamente* con la sabiduría más profunda, y quizás más antigua, de mi alma sobre la sexualidad.

Al conectarme con mis guías espirituales (ángeles, diosas, maestros ascendidos), me transmitieron mensajes intuitivos relacionados con el propósito de ese prolongado periodo de soledad.

Y los mensajes que recibí fueron los siguientes:

- Fortalecer mis músculos interiores para dar a luz a mi propósito divino.
- Crear un espacio energético para mi expansión y despertar, y así poder desarrollar una relación muy íntima con el panteón de la Diosa.
- Encaminarme hacia lo más profundo de los templos del amor femenino sagrado, para poder recordar la vibración superior de las relaciones íntimas en todos los niveles.
- Volver a aprender los dones sagrados de la soledad y la abstinencia.
- Trabajar mi rabia, mi decepción, mi tristeza y mis miedos históricos vinculados con los hombres y la conciencia masculina.

- Volver a calibrar mi sistema energético femenino sexual y dirigir la luz del despertar y la sanación a mi vientre y a mis órganos sexuales.

Ellos me guiaron para que pudiera ir más allá de *cualquier idea sobre los límites* que pudiera haber tenido en toda mi vida, y muy especialmente al trabajar con lo sagrado femenino. Mis temporadas de soledad me hicieron crecer, y estoy eternamente agradecida a la mano sabia de la Diosa que me ha conducido hasta lo que mi espíritu realmente necesita, y no a lo que mi pequeño yo cree que es mejor para mí. Estoy muy agradecida por haber pasado todos esos años sin tener ninguna relación amorosa. Es prácticamente imposible describir hasta qué punto me ha cambiado la experiencia de la soledad sagrada.

Todavía no hemos terminado de conocer las enseñanzas de la diosa de lo femenino oscuro. A continuación seguiremos liberando nuestro poder en el interior de un nuevo templo de los misterios terrenales y celestiales, que es tan potente como el anterior.

Nuestro chakra del abdomen continúa despertando mientras nuestro corazón recuerda la verdad que encierran las relaciones íntimas sagradas. El tapiz de luz tejido a través del tiempo por la Gran Madre puede ofrecernos muchas más lecciones sobre el ser interior.

Prepárate para atravesar los desiertos con una tribu nómada de sacerdotisas tántricas, tus antiguas hermanas del alma, con el fin de reunirte con la adorada Diosa de tus sueños más salvajes y sagrados.

Capítulo 8

El templo de María Magdalena

La invitación

Inmersa en el interior de la cueva de Lilith has perdido la noción del tiempo. Sabes que muchos rituales misteriosos e hipnóticos han tenido lugar; tu cuerpo está totalmente cubierto por tatuajes de henna de color sepia, un idioma de los símbolos sagrados.

Empiezas a recorrer pasajes laberínticos en dirección a la entrada de la cueva. Al salir, el aire es más fresco y el sol ha perdido su intensidad. Una hermosa puesta de sol empieza a colorear el cielo.

Te sientas en el suelo mientras te preguntas cómo podrás regresar al Círculo de las Diosas. Mientras miras tu piel decorada, sin salir todavía del trance de los poderes de Lilith, oyes un sonido que se parece mucho al que producen los cascos de los caballos sobre la tierra.

Para tu sorpresa, tras un recodo del camino de la montaña aparece un camello que estaba oculto por la arena. Esa visión comienza a ampliarse y te quita el aliento, porque en el de pronto resplandeciente atardecer se vislumbra a contraluz una caravana de camellos que galopa hacia ti. Montada en cada uno de los camellos hay una mujer envuelta por un chal tejido a mano y tocada con un turbante. En medio de la pesada

225

respiración de los camellos, y de los sonidos que producen las cargas al reacomodarse sobre sus flancos, una mujer comienza a hablar: «Hermana, las diosas nos han indicado que vengamos a verte. Ha llegado el momento de que te unas a nuestra tribu una vez más: somos tus antiguas compañeras de vidas pasadas, extraviadas durante mucho tiempo. Somos tu familia del alma. Juntas peregrinaremos hacia los desiertos del Cercano Oriente hasta alcanzar el retorno sagrado al hogar».

Te pones de pie y echas a andar hacia un camello que está esperándote. Como por arte de magia de pronto te ves vestida con una larga túnica de lino, calzada con sandalias de cuero trenzado y envuelta en un gran chal estampado. Mientras te montas sobre el lomo del camello se produce un estallido de luz, y sabes que estás viajando a través de las dimensiones. Tomas conciencia de que este es un viaje hacia el corazón de un vasto paisaje desértico.

Durante varios días viajas como una integrante más de la caravana femenina. Por la noche la caravana se detiene en un sitio donde alguien ha preparado un montón de carpas para recibiros. Una tibia sopa de lentejas con especias, pan ácimo y un suave té de hisopo, menta y tomillo os están esperando. Hablas y te ríes, cantas y rezas con la tribu de mujeres, experimentando una sensación de seguridad fraternal.

Después de una larga jornada sobre la montura, te sientes adormilada y te preguntas dónde acampareis la próxima noche. En ese preciso instante una cegadora luz blanca se enciende frente a tus ojos. A través de tu visión interior distingues una forma masculina difusa y radiante. El tiempo parece haberse detenido. En su pecho hay una brillante cruz sagrada, y las palmas de sus manos irradian rayos gloriosos. Por encima de su cabeza ves una aureola dorada.

Sus ojos se encuentran con los tuyos y te ofrecen una asombrosa cascada de bendiciones antes de disolverse. Tras esta aparición, ves una carpa solitaria. Está hecha de la misma tela rústica y pesada que las carpas en las que las otras mujeres y tú habéis dormido durante la travesía. Los intensos vapores de mirra que salen de la carpa te invitan a pasar al interior.

Las Hermanas te acompañan hacia allí mientras sonríen beatíficamente. Las telas que cierran la entrada de la carpa se separan para dejarte entrar. Una vez dentro, un interior sagrado decorado con opulencia se revela ante tus ojos. Es un ambiente íntimo, lleno de aromas embriagadores, con cojines del color de las joyas, mantas rústicas tejidas a mano, alfombras, tapices y kilims, pieles de animales, cuencos de cerámica con agua de rosas y velas hechas con cera de abejas.

Te sientes muy reconfortada por la energía enriquecedora de este espacio que llena todo tu ser. Te sientas en un almohadón de color rojo rubí y sientes que eres instintivamente guiada a elevar tus plegarias a la Diosa con gran devoción.

Las lágrimas comienzan a fluir de tus ojos mientras te percatas de cuánto tiempo ha pasado desde la última vez que has estado en casa. Mientras sollozas suavemente, sientes Su presencia cerca de ti.

Ella, la que trae la fusión cósmica de Shekinah y Yahweh.

La penúltima diosa de tu viaje se arrodilla junto a ti y te toma de la mano para ungirla con un dulce aceite de nardo, mientras tus Hermanas avanzan para formar un círculo cálido y amoroso a tu alrededor. Te encuentras ahora en el templo de María Magdalena.

¿Quién es María Magdalena?

Una figura femenina aparece en la escena más importante de los Evangelios junto a Jesús. Se trata de María Magdalena, que ha despertado una constante controversia y fascinación a lo largo de la historia como ninguna otra mujer en la Biblia.

Muchos son los que se han sentido totalmente hipnotizados por esta enigmática mujer, que probablemente nació en una aldea de pescadores de Galilea llamada Magdala, en la antigua Palestina, hace más de dos mil años.

En su libro *Invoking Mary Magdalene* [Invocando a María Magdalena], Siobhán Houston narra de qué forma «Jesús purga milagrosamente los siete demonios que había en ella», el acto catalizador por el cual María se convirtió en una de sus devotas más leales. Una interesante interpretación de la sanación que Jesús le procuró es que en realidad fue *una limpieza de los siete chakras*: una iniciación espiritual a través de las manos de Cristo que preparó a María para recibir una nueva energía divina.

Hay pocas dudas de que María fue una mujer muy significativa en la vida de Jesús: estuvo con Él hasta sus momentos finales antes de la crucifixión, descubrió la tumba vacía y fue testigo de su resurrección. Y sin embargo, sorprendentemente, la función de María de Magdala en el nacimiento de la extendida cristiandad nunca fue reconocida por los patriarcas cristianos. De hecho, fue vilipendiada en algunas de las enseñanzas de la Iglesia, por considerarla una prostituta redimida, pecadora y proscrita.

A María se le ha adjudicado de forma punitiva el título de prostituta penitente y se ha mancillado su función de líder espiritual radical. Un retrato más preciso de María de Magdala es el de una mujer admirable que poseía un conocimiento muy elevado de las enseñanzas de Jesús; fue autora de uno de los Evangelios y ha sido venerada durante mucho tiempo como la encarnación de lo femenino sagrado.

El Evangelio de María fue descubierto en El Cairo en 1896. En él se presenta a María como apóstol importante y maestra para los demás discípulos. Apóstol de apóstoles. Este texto se considera apócrifo, igual que otros manuscritos coptos (el idioma de la antigua cristiandad egipcia) que hablan de María descubiertos en Nag Hammadi (Egipto), en 1945. En dichos documentos se habla de María como la compañera íntima de Jesús, una mujer a la que a menudo besaba, impartía conocimientos secretos y veneraba como una mujer de sabiduría divina.

La condición de María como un icono de lo Divino Femenino está firmemente arraigada en el gnosticismo (un antiguo movimiento cristiano centrado en la gnosis, o conocimiento esotérico), en el que es adorada como un aspecto de la sagrada diosa Sofía.

Más allá de la especulación intelectual y la controversia, el espíritu puro de María Magdalena puede trasmitir intuitivamente su antigua y profunda conexión con la Diosa. Representa a la mujer íntegra, la mujer independiente, la sacerdotisa tántrica, la sanada y la sanadora, la mujer sabia, el canal transparente, la iniciada de los templos de la diosa Isis y la *Shekinah*, el poder de la Divinidad que reside en el interior de lo femenino.

La adorada María de Magdala lleva una cornucopia de llaves femeninas sagradas en su cinto de Isis —un depósito de sabiduría sagrada femenina— y en su corazón despierto porta los diamantes con la luz de Cristo. Pero lo más inspirador es que encarna *la experiencia terrenal de una mujer real* que recorre un camino emocional, pero aun así terrenal, para ayudarnos a conectar cada día con nuestra esencia de diosas.

Los temas arquetípicos de María Magdalena son los siguientes:

- El matrimonio cósmico de lo Divino Femenino y las llamas masculinas.
- La relación sexual sagrada y la llama de Cristo.

Quizás hayas oído hablar de la expresión «llamas cósmicas» o «llamas gemelas», y hayas descubierto que su significado tiene diversas interpretaciones. Cuando hablo aquí de lo Divino Femenino y de las llamas de lo masculino, me refiero principalmente a las *llamas interiores* que todos hemos encerrado en nuestros cuerpos espirituales. Por lo tanto, a continuación vamos a analizar cuál es el impacto de la reunión de nuestras llamas cósmicas interiores sobre nuestras relaciones con los demás.

El matrimonio cósmico de lo Divino Femenino y las llamas masculinas

María Magdalena es un ancla para lo *Divino Femenino y las llamas masculinas*. Estas llamas son frecuencias universales que comprenden las *verdades superiores más evolucionadas* sobre las conciencias femenina y masculina *en un nivel espiritual*.

Las frecuencias de lo Divino Femenino y lo Divino Masculino forman la llama gemela.

Todos tenemos estas dos energías sagradas (femenina y masculina) encerradas en nuestra *mónada o en nuestra presencia, YO SOY, la chispa Divina de la cual hemos nacido.*

Cuando se activa la llama gemela en nuestro ser, el crecimiento de nuestra alma se acelera y se unen las energías de lo Divino Masculino y Femenino que hay en nuestro interior. María Magdalena (y también Isis, que fue su mentora) preside el proceso del *matrimonio de las llamas gemelas cósmicas.*

El matrimonio de las llamas gemelas cósmicas es un proceso general que acontece en el nivel de la energía espiritual y está vinculado con lo que se conoce como «ascensión». Se trata de un plan sagrado que realiza tu Ser Superior para traer la luz de tu alma a tu cuerpo físico.

Tu alma y tu mónada comienzan a dispensar conocimiento y dones divinos a tu conciencia y a tus células, es tu despertar. El propósito de todo esto es traer la luz pura de las frecuencias superiores de la existencia para que sean utilizadas en la Tierra. Tú eres un recipiente transparente para el amor, la sanación y la gracia.

El matrimonio de la llama cósmica es un elemento integral de tu despertar y tu ascensión. Se trata de un proceso que no puede ser comprendido mentalmente, y dado que modifica tu frecuencia energética y celular de una manera drástica, con toda certeza producirá cambios físicos y emocionales. Este proceso te ofrece información y ejerce influencia sobre tu reconexión con la Diosa.

Es importante aclarar los elementos de esta unión de la llama cósmica, puesto que tiene tres capas y una enorme influencia en la evolución de tu alma. No te preocupes si tu intelecto no encuentra sentido a todo lo que tiene lugar allí fuera. El matrimonio de la llama cósmica se produce en el nivel más profundo de la naturaleza intuitiva de tu alma.

Las etapas y partes de este matrimonio son las siguientes:

Primera parte: fundirse con las llamas que hay en nuestro interior
Las dos llamas descienden gradualmente y se fusionan en el aura para formar una sola. Esto es lo que significa «estar completo», en oposición a vivir dependiendo exclusivamente del estado fragmentado y desesperado del ego. Las llamas gemelas fusionadas despiertan nuestra conciencia, ofrecen el camino hacia la sabiduría sobre las energías femenina y masculina sagradas y nos abren para que podamos cumplir nuestras misiones espirituales, para convertirnos en faros de luz, dones del alma y verdad.

Segunda parte: lo Divino Femenino reinicia lo Divino Masculino
Metafísicamente, la esencia sagrada femenina posee el espacio del útero, en el cual puede sembrarse la semilla de la esencia masculina. Con el fin de que la energía masculina evolucionada pueda restablecerse en la Tierra, lo femenino evolucionado deberá abrir su vientre, su corazón y su alma para darle la bienvenida.

Este es un acto de poderosa sanación del alma que sirve para anclar al Dios y a la Diosa (Yeshua y María, Shiva y Shakti, Radna y Krishna, Yahweh y Shekinah) en los cuerpos, mentes y corazones de la humanidad, y devolverlos a la Tierra.

Este proceso va más allá de la orientación femenina o masculina, y no necesariamente está vinculado con una relación sexual. Estos modelos antiguos de unión divina representan las esencias de lo masculino y lo femenino. Como más adelante veremos, gracias a María Magdalena todos podemos ser un recipiente para este nuevo equilibrio espiritual de la polaridad de lo masculino y lo femenino.

Tercera parte: crear relaciones amorosas que sean «un todo»

La reunión de las llamas gemelas está conectada con una relación amorosa en la cual el crecimiento espiritual es una motivación muy potente. Sin embargo, principalmente está conectada con *tu propia* evolución espiritual. Tal como aprenderemos en el templo de María Magdalena:

La condición fundamental para crear una relación amorosa progresiva y sana es nuestro propio estado de plenitud.

Esto no significa que una mujer apasionada como tú ya no necesita tener un amor. No obstante, ya no puedes confundir la necesidad desesperada, inducida por el miedo y alimentada por el interés o la sensación de vacío, con una necesidad femenina encarnada conscientemente. No has sofocado el profundo anhelo de tu ser femenino de dejarte extasiar hasta la rendición por el amante de tus sueños más salvajes. Sigues albergando ese anhelo...; no obstante, en lo más profundo de tu alma femenina tu prioridad es volver a la plenitud. Estás trabajando en ello para integrarte, estás en ello por ti misma y recuerdas perfectamente cómo cargarte de energía por tus propios medios. Tu profunda sabiduría sabe que esta es la clave para tener una pareja completa, una pareja que te ofrezca la energía de excelente calidad que te mereces.

La reunión de las llamas gemelas

La reunión de las llamas gemelas suele describirse como la colisión largamente esperada de las dos mitades de una totalidad: la unión de tu persona con tu llama gemela, otra persona que es tu contraparte eterna. Para algunos este viaje representa la unión de las dos mitades previamente separadas de un alma, que crea la pareja espiritual superior.

Tengas o no un reflejo exacto de tu propia alma dividida en algún lugar del universo (que puede o no estar destinado a reunirse contigo en esta vida), lo más importante es reconocer que *estás realizando un viaje para reunirte con **tu propia** contraparte eterna,* tu ser total.

Como acabamos de aprender, nuestro ser total está compuesto por las dos llamas cósmicas, la masculina y la femenina. Cuando estas llamas comienzan a realizar el proceso de fusión, se inicia un cambio muy importante en el interior de tu aura. Te sientes altamente atraída por un modelo de relación de pareja evolucionado y transparente.

Ahora no solamente atraes la vibración de relaciones conscientes enfocadas hacia la luz, sino que además tu energía ya no puede aceptar otra cosa que no sea esta «nota del alma» o frecuencia universal.

He aquí la parte más emocionante de la reunión de las llamas gemelas; y lo más importante es que te mantiene empoderada y te hace sentir plenamente responsable de tu vida amorosa. A medida que tus llamas cósmicas interiores se funden a su propio ritmo, experimentas una relación amorosa que se eleva naturalmente cada vez más y recibe una influencia cada vez mayor de lo sagrado.

Ya no puede suceder ninguna otra cosa. Únicamente puedes tolerar o mantener una relación íntima que esté abierta a recibir este despertar maravilloso y esta fuerza inspiradora. Tu alma lo hace de una manera completamente natural, sin ninguna interferencia de la mente. Y lo mismo ocurre con tu propósito divino, no puedes «hacerlo mal» ni «pasarlo por alto».

La perfección divina del viaje de la llama cósmica

En verdad, tanto las épocas más dolorosas de tu vida como las más alegres han colaborado para que tu alma se abriera para recibir el amor de la llama cósmica.

Todas las ocasiones en las que has abierto tu corazón a otras personas y has experimentado gozo pero también sufrimiento, todas las parejas que has amado y has perdido han sido perfectas y han formado parte de tu evolución. Han reflejado un aspecto de ti misma, de tu propia energía, que desea ser amada y sanada, y que anhela evolucionar. Todas esas personas han sido los dioses y las diosas que se han presentado ante ti.

El lugar en el que te encuentras ahora es el lugar perfecto

Tu relación de pareja actual recibe la influencia de la reunión de las llamas gemelas, y puedes abrirte a nuevas oportunidades para enriquecer espiritualmente esa conexión. Si en este momento no tienes pareja, tu alma tiene la certeza de que esto es necesario para el proceso de tu llama gemela interior, y te está preparando una nueva y maravillosa relación que llegará a ti cuando estés *realmente preparada* para vivirla.

Si has sufrido un desengaño amoroso, te has endurecido y te has cerrado a la posibilidad de enamorarte, o simplemente estás agotada o saturada, tal vez haya llegado el momento de honrar tus verdaderos sentimientos. No simules estar bien ante ti misma ni frente a los demás. Tus emociones necesitan espacio para ser escuchadas, sentidas y expresadas, sea en terapia o en cualquier otro contexto que te ofrezca seguridad.

Un desengaño puede tener un propósito. Te permite abrir espacios interiores que siempre habías mantenido protegidos. Te ofrece la oportunidad de conocer el dolor encerrado en tus células que necesita salir a la superficie para sanarse. Consigue que tu corazón se abra a la promesa de volver a amar y ser amada. No puedes permanecer siempre a la defensiva, y no hay ninguna garantía de que ya nunca volverás a sentirte decepcionada en el amor. Sin embargo, tu corazón lo sabe todo acerca de cómo amar y cómo sanar sus heridas. Y eso es todo lo que necesitas saber.

Relaciones e intimidad en evolución

El universo tiene un plan para crear un nuevo tipo de relaciones íntimas en la Tierra, relaciones en las cuales las dos partes se sientan conectadas con su guía interior, hayan despertado para cumplir su misión en esta vida y hayan iniciado el proceso de equilibrar la llama cósmica en su interior.

El objetivo sinérgico de dos personas íntegras y virtuosas que se fusionan es explosivamente alquímico. Estas personas han alcanzado el nivel de la maestría, porque asumen la responsabilidad de su propia vida, su propio crecimiento y su propia sanación. No buscan relaciones que las completen ni que sirvan de remedio para sus heridas. Se han comprometido a realizar un trabajo personal constante con su alma.

Cuando las llamas cósmicas internas se integran con tu ser, vibras a un ritmo diferente y ya no eres capaz de relacionarte con personas que no están en el mismo camino. Tu vibración aumenta rápidamente, y pronto será necesario un cambio en tu forma de vivir la sexualidad. Y, por otra parte, lo más probable es que tú misma desees que lo sagrado retorne a tus relaciones íntimas.

La unión cósmica equilibra las energías Divinas de lo masculino y lo femenino en tu propio ser, y finalmente te conviertes en un imán para un tipo de relaciones que están alineadas con una nueva era de conciencia espiritual.

María de Magdala estuvo realmente en la Tierra, por eso es tu puente entre la mujer y la Diosa. Te ofrece sus enseñanzas mediante un contacto físico muy cercano, de manera que puedes imaginar que estás sentada junto a Ella en un círculo sagrado, reunida con tu tribu de hermanas del alma en el interior de su carpa.

El Círculo Sagrado en el templo de María Magdalena

Hermanas, que estáis reunidas aquí. Mientras yo hablo, vosotras absorbéis mi amor. Cada una de vosotras habéis comenzado este viaje de fusión con las llamas cósmicas dentro de vuestro propio ser. Todas estáis en diferentes etapas, y eso es natural.

Cuando las llamas comiencen a fusionarse, se producirán cambios importantes que contribuirán a vuestro despertar. Los ángeles, los maestros ascendidos y los reinos de los ayudantes espirituales recibirán un mensaje que les indicará que acudan a vuestra presencia y os ofrezcan su apoyo durante estos cambios.

Ahora os proporcionaré información sagrada, rituales y meditaciones de sanación vinculados al tema de las relaciones amorosas divinas.

María Magdalena habla de la polaridad femenina-masculina y las relaciones sexuales:

Antes de comenzar, quiero aclarar los términos femenino *y* masculino *y la forma en que estas enseñanzas no solamente se conectan con las relaciones heterosexuales sino también con las homosexuales.*

Como este libro está dirigido a las mujeres que tienen una conexión con la Diosa, hablo de ti (ya seas hombre o mujer) como de alguien que, según presumo, posee una parte importante de la esencia de lo sagrado femenino, o esencia de la Diosa.

Cuando hablo de tus amores, los nombro considerando que tienen una esencia masculina, o esencia de Dios, más poderosa.

Estos amores y amantes pueden ser hombres o mujeres, ya que algunas veces las mujeres tienen una esencia predominantemente masculina y los hombres una esencia más femenina. Para todos aquellos que han transformado su género, o que fluyen entre ambos sexos, este principio sigue siendo aplicable puesto que lo que contiene las llamas de lo femenino-masculino es la energía de su alma. Lo femenino-masculino no equivale exactamente a hombre-mujer.

A pesar de que en la vibración de tu alma se encuentran las esencias de ambas llamas, con frecuencia una de dichas esencias es más predominante; es como una especie de «programa» que funciona a través de tus gustos, conductas, motivaciones y «núcleo» espiritual. **Esta polaridad es especialmente transparente en el reino de la atracción sexual y la intimidad.**

En la danza de la atracción romántica y sexual existe una dinámica creada entre las llamas femenina y masculina. Es muy probable que en tus relaciones amorosas y sexuales, una de las personas porte principalmente la antorcha para la esencia masculina y la otra primordialmente para la esencia femenina.

De este modo, la «carga» de atracción se pone en marcha, y ambas partes se complementan y se equilibran mutuamente, además de compartir la chispa de la química y la atracción, y de brillar con la danza de la polaridad del amor romántico.

Por lo tanto, cuando describo esta interacción del amor sexual de las llamas femenina y masculina entre dos personas, utilizo los pronombres personales él y ella. Lo hago para facilitar la comunicación y la comprensión, pero no para privilegiar las relaciones heterosexuales frente a las homosexuales. Puedes interpretar y utilizar mis enseñanzas para tus propias relaciones con hombres o mujeres, y también para cualquier cambio de sexo, anatomía y preferencia sexual.

María Magdalena habla de la reiniciación de lo masculino por lo femenino

Lo femenino reinicia lo masculino para que acceda al poder divino. Esto sucede en un nivel individual cuando las llamas cósmicas interiores se funden, y también ocurre en las relaciones íntimas cuando se fusionan las llamas sexuales.

En un nivel universal, esta es la forma en que las energías femenina y masculina del planeta están volviendo a equilibrarse y a renacer.

Cuando una persona cuya **esencia femenina está despertando** *atrae sexualmente a otra con una esencia* **masculina***, pueden producirse cambios espirituales significativos. La persona que posee una esencia masculina tiene la oportunidad de que su alma experimente una evolución muy importante, y este es el motivo por el que se siente enormemente atraída por la otra parte. No obstante, si no está dispuesta a iniciar el matrimonio de la llama cósmica en su propia persona para llegar así a conocer el propósito profundo de su alma y su destino sagrado, esa persona no será capaz de soportar su luz.*

María Magdalena habla sobre las almas gemelas y las parejas sexuales:

Comparezco para sanar tu alma gemela y tus parejas sexuales. Has ganado mucho al relacionarte con esas personas, porque además de haberte abierto para recibir amor, caricias y placer en su compañía, te han mostrado todos los espacios en los cuales has estado escondiéndote de ti misma. Te han mostrado dónde ocultas tu poder, tu sensualidad y tu belleza, tu luz de diosa. Si en alguna ocasión has sido deshonrada o te han faltado el respeto, eso se debe a que tu capacidad para estar presente con tu propia majestuosidad, tu reina interior, ha sido suprimida.

Algunas de estas parejas del alma han llegado a ti para abrir tu corazón, revelarte verdades más profundas sobre tus orígenes y activar la misión de tu alma. Y en el momento en que tu corazón se ha abierto, es probable que hayas revivido antiguos sufrimientos.

Cuando te entregaste a estas parejas del alma, estabas llena de confianza, amor y entusiasmo. Te abriste como una flor y brillaste con los rayos del deseo femenino. La promesa de ser capaz de compartir tus tesoros de amor sagrado más profundos con una persona que sea realmente capaz de verlos y valorarlos comenzó a extenderse ante ti como una alfombra cubierta de rosas.

Algunos de estos amores pueden haber visto y valorado el destello y el brillo superficial de tus tesoros. Y probablemente eso ya fue suficiente para ellos, y también para ti. Pero ¿qué sucede cuando tu pareja pretende sumergirse plenamente en tu pecho lleno de tesoros, sin comprender cabalmente lo que allí habrá de descubrir? ¿Y qué profundidad espiritual se le ofrece en este momento?

Hermanas amadas por la Diosa, aquí es donde puede manifestarse la confusión, y veo que algunas de vosotras habéis experimentado decepciones amorosas por causa de malentendidos y falta de comunicación.

María Magdalena habla sobre *hieros gamos* o los rituales del «matrimonio sagrado»

Supongamos que ese tipo de parejas del alma que llegaron a tu vida, fueron seducidas por tus gloriosos tesoros interiores, avanzaron con entusiasmo y atravesaron el umbral para entrar en el templo de tu amor. En esas circunstancias, el recuerdo del alma masculina fue devuelto al ritual del matrimonio sagrado, o hieros gamos. *Estas antiguas ceremonias mediterráneas celebraban al Dios y a la Diosa como un símbolo de la unión de las llamas cósmicas. Un hombre asumía simbólicamente la función de Dios, para ser ungido por una sacerdotisa del templo que asumía la función de Diosa. A través del ritual sexual sagrado, lo masculino era empoderado divinamente por lo femenino sagrado.*

Él recordaba las luminarias femeninas que residían en los templos y era impulsado a sentir su propia presencia divina por las llamas de su amor.

María Magdalena describe de qué forma la verdad masculina se revela a través de la verdad femenina

Él también recordó qué significaba este espacio de lo Divino Femenino para su propia evolución personal. Es probable que se haya sentido sorprendido y un poco asustado por el poder del alma de tu templo. Se sintió atraído por tu corazón abierto, únicamente para que su propio modelo de lo Divino Masculino volviera a él a través del reflejo de tu límpido espejo. Como un oráculo de la verdad, le enseñaste en un instante el propósito superior que podía crear y entregar a la Tierra, y este modelo brilló con fuerza bajo los rayos del sol de su verdadero potencial masculino.

Esas almas masculinas que se acercaron a ti se sintieron realmente conmovidas por tu luz. Y quizás no pudieron recoger las herramientas de la verdad que les revelaste con el propósito de que comenzaran a crear su propósito más profundo. Esa opción es su derecho divino, y están autorizadas a ejercer el libre albedrío. No obstante, la palabra cobarde *puede resonar reiteradamente como un eco en el cuarto trasero de tu psique de diosa.*

Quizás te perturbe que lo masculino no haya podido soportar el calor real del fuego de tu templo, y sin embargo se sintiera más que feliz al jugar y disfrutar de él siempre que pudiera mantenerse a un lado. E incluso puede ser que no solamente te disgustaras por haberle permitido entrar, sino también por revelarle algunos de tus secretos.

Si le has ofrecido secretos femeninos, y dichos secretos no fueron utilizados como pretendías, como un regalo del alma para la psique masculina, ¿qué ha sucedido entonces con ellos? ¿Los ha tirado a la basura, ignorado, reprimido o trivializado?

Hermana, como mujer que ha caminado por el mundo puedo comprender estos sentimientos y deseo brindarte paz para todo aquello que quizás esté bullendo de ira en silencio dentro de ti. Incluso puedes llegar a sentir que has sufrido una intrusión blasfema.

Tus secretos más íntimos siempre se ofrecieron a todos los que verdaderamente los necesitaban. No nos corresponde juzgar si se han comprendido o no, tampoco si se han utilizado correctamente, ni siquiera si se han respetado. Sencillamente debemos entregarnos y entender que cada vez que unimos nuestras energías con otra alma que llega a nuestra vida, eso es obra de la Diosa. La sanación tiene lugar cada vez que se produce la unión amorosa de dos almas.

Una de mis funciones en este templo es calmar tus sufrimientos y tus heridas procedentes de épocas pasadas, en las que sentías que no te consideraban sagrada, especialmente en las relaciones amorosas. Y también prepararte para un cambio positivo muy importante en el reino de las relaciones sexuales. Y anunciarte un cambio bendecido, uno que has pedido con fervor a través de tus plegarias, no solamente para ti misma sino también para toda la humanidad.

✮ Meditación ✮
Recuperar y aclarar tu energía sexual

Puedes practicar esta meditación leyéndola por etapas, y luego deteniéndote de tanto en tanto para sentir la energía y visualizarla, o grabándola.

1. Encuentra un sitio donde puedas sentarte cómodamente con la columna vertebral apoyada, aunque también puedes tumbarte. Asegúrate de que nadie te molestará durante al menos treinta minutos.

2. Respira varias veces suavemente llevando tu energía al centro de tu cuerpo. Mientras empiezas a relajarte lleva toda tu atención suavemente hacia el chakra raíz, el centro energético de color rojo que se encuentra en la base de la columna vertebral. Respira hacia este chakra y visualízalo con el símbolo de una rosa de color rojo profundo en su interior.

3. A continuación desplaza tu atención a unos centímetros más arriba, hacia el chakra del sacro, situado en torno a la región lumbar y abdominal. Respira hacia este centro energético y visualízalo con un fuego de color naranja brillando en su interior.

4. Ahora imagina que estos chakras se están fusionando, el rojo en naranja, la rosa en fuego, como si se tratara de un glorioso atardecer. Siente cómo este color se desplaza hacia el exterior y vuelve a tu cuerpo para devolverle todas las energías que has ofrecido a tus parejas pasadas y actuales.

5. Visualiza cómo estos rayos de luz irradian hacia delante y recuperan la energía dispersa de viejas relaciones amorosas que puede haberse quedado adherida a ellas. Tu visión interior te permite ver a determinadas personas. Puedes ver cuerdas, hilos o cordones reales, y posiblemente también cadenas, que se extienden entre esos amores y tú.

6. Pide que estos viejos apegos se disuelvan a través de la luz que hay en tu chakra raíz y en tu chakra del abdomen.

7. Si tienes un útero físico, conéctate ahora con él. En caso contrario, conecta con el chakra del abdomen, un vórtice de luz asociado al útero cósmico de la Gran Madre. Visualiza cómo esta zona recibe una luz pura. Siente que tu llama de lo Divino Femenino está siendo profundamente purificada.

8. Tu llama femenina arde ahora brillantemente y envuelve todo tu cuerpo y tu aura. Quema todas las energías no deseadas de los amores presentes y pasados, todo aquello que podría estar bloqueándote e impidiéndote acceder a la nueva frecuencia sexual de las llamas cósmicas.

9. Ahora afirma: «Soy una sacerdotisa de la sabiduría sexual. Mi campo energético ya no atrae a las personas que no me ven ni me respetan. Soy una diosa de la sexualidad sagrada».

10. Ahora sintonízate con tu chakra del corazón, que brilla con una luz verde y rosa. Recuerda el amor y la alegría que compartiste con cualquiera de tus amores pasados o presentes, en especial con aquellos a quienes te resulta difícil olvidar o perdonar. Guarda los dones de esta relación bajo la luz que emana de tu centro cardíaco. Consérvala durante un tiempo. Si sientes que tus emociones están a punto de emerger, no las detengas, déjalas fluir hacia la luz.

11. María Magdalena equilibra ahora todos los contratos kármicos, o del alma, que firmaste con los amores cuya energía ya no te sirve. Ella porta en su corazón sagrado los dones y las lecciones espirituales para ti y para todos ellos, y bendice el tiempo que habéis estado juntos.

12. Visualiza ahora cómo esos amores del pasado se alejan hacia la brillante luz del sol. Si se habían apropiado de tu energía sexual y personal, ahora ya la has recuperado. Se han liberado completamente y gozan de su propia energía.

13. Si te has conectado con tu pareja actual, puedes abrazarla ahora con una nueva sensación de libertad espiritual.

14. María Magdalena coloca sus manos sobre tus hombros y te envía una profunda energía que se distribuye por todo tu cuerpo. Estás libre de los vínculos antiguos y de las emociones asociadas al amor sexual que mermaban tu energía. Tu energía es ahora muy limpia, y estás preparada para recibir y utilizar las nuevas frecuencias universales de las relaciones íntimas.
15. María bendice cada uno de tus chakras, sellándolos con una rosa.

☆ Meditación ☆
El ritual del matrimonio sagrado

Esta es una meditación ritual que tiene un espacio particular en el templo de Magdalena y se asienta en la tradición de *hieros gamos*: el rito del matrimonio sagrado. Esta práctica es una herramienta poderosa tanto para que las relaciones íntimas de una pareja ya formada sean más profundas como para convocar a alguien para tener una nueva experiencia de amor sexual.

Puedes practicar esta meditación leyéndola por etapas, y luego deteniéndote de tanto en tanto para sentir la energía y visualizarla, o grabándola.

1. Encuentra un sitio donde puedas sentarte cómodamente con la columna vertebral apoyada, aunque también puedes tumbarte. Asegúrate de que nadie te molestará durante al menos treinta minutos. Quizás te apetezca encender una vela.
2. Respira varias veces suavemente llevando el aire al pecho y relájate. No hagas ningún esfuerzo, limítate a sentir tu cuerpo y a serenarte. Relájate en el recinto sagrado del templo de Magdalena. Las sacerdotisas del templo de Magdalena se acercan para formar un círculo a tu alrededor y bendecirte.

3. Las sacerdotisas han cubierto todo tu cuerpo con rosas rojas y lo han ungido con agua sagrada. La energía es muy pura y te hace sentir segura. Ahora vas a abrir tu corazón para acceder a un nuevo modelo de pareja romántica. Este ritual abrirá tu campo energético, que será cada vez más ancho, más profundo y más alto.

4. Todos los arcángeles se están acercando para proteger este ritual: los Bienamados Miguel, Rafael, Jeremías, Ariel, Metatrón, Sabdalfón y muchos más están aquí para garantizarte que disfrutarás de una protección espiritual plena en todo momento.

5. Una enorme rosa roja comienza a florecer en el centro de tu chakra cardíaco. Se abre, y tu corazón irradia una luz enorme y brillante. Tu corazón está contactando con las dimensiones superiores del universo, listo para recibir un «modelo de luz» de la pareja de la llama cósmica.

6. Limítate a permanecer relajada y continúa sintiendo cómo se abre tu chakra del corazón. No hay nada más que hacer.

7. María Magdalena trae ahora el símbolo de los Cristos, los Bienamados. Ellos son las llamas sagradas antiguas de la Magdalena y el Cristo, que sostienen la antorcha para las dos llamas gemelas combinadas de lo Divino Masculino y lo Divino Femenino.

8. Ella te muestra que estas llamas que se encuentran en tu propia aura están descendiendo y fusionándose. Y a medida que la llama gemela empieza a arder, resplandeciendo en tu interior, puedes percibir cuánto poder se enciende en tu alma y lo plena que te sientes. Antes que nada y principalmente, tú eres tu propia Bienamada.

9. A continuación, a medida que tu vibración terrenal se sintoniza con el aspecto superior de lo Divino Femenino a través de María Magdalena, comienzas a sentir que la presencia de lo Divino Masculino llena el espacio. Es el mismo Cristo. Él se

siente honrado de participar en este matrimonio ritual. Tiene un enorme respeto por el templo femenino de la Magdalena. El Cristo te muestra que las dos llamas cósmicas existen en su centro cardíaco, están equilibradas y son verdaderas. Y esto también es lo que está sucediendo en tu aura. Cristo dice:

Tienes una línea directa con los iluminados del universo y las claves para acceder a tu sabiduría divina. Mientras tus llamas se fusionan, la Fuente te guía para que trabajes con tu propia energía y la alinees con tu verdad espiritual. Tienes un contrato para iluminar la vibración de la Diosa en la Tierra.

10. Ahora tienes una visión de la belleza y la majestuosidad. Cristo y María Magdalena han fusionado sus auras. Ahora están frente a ti como una *única llama ardiente de amor.*

11. Esta llama se torna cada vez más pequeña y viaja hasta tu propio pecho para entrar en tu chakra del corazón. Mientras tanto, experimentas una poderosa sensación que recorre todo tu cuerpo. Has absorbido la *Llama de Cristo de la Nueva Pareja.* Un nuevo modelo de alta frecuencia. Sigue reposando para que tenga tiempo de integrarse.

12. Visualiza que las relaciones superiores comienzan a nacer en tu propia vida.

13. Si ya estás en pareja, visualízate junto a tu compañero, o compañera, rodeados por una luz dorada. Si no tienes pareja pero deseas empezar una nueva relación, siente que la luz dorada te envuelve y se extiende hacia el exterior para dar la bienvenida a tu nuevo amor.

14. María Magdalena y Yeshua aparecen otra vez junto a ti. Llegan para anunciarte que acabas de desposarte con tu propia llama interior y que ahora estás completa.

15. Se ha producido un enorme cambio energético. Presta atención a todo lo que sucede y a cualquier símbolo, mensaje y

sensación intuitiva que pueda manifestarse ante ti ahora y en los momentos posteriores a este ritual. Debes saber que la sincronización divina está trabajando en tu vida amorosa. Ahora estás sintonizada con el nuevo modelo de pareja ofrecido por la Magdalena y el Cristo.

16. Agradece a la Diosa y a todos los seres divinos que te han asistido. Vuelve a conectarte con tu cuerpo físico y con la habitación en la que te encuentras.

El poder del amor

Tanto las alegrías como las crisis que he vivido en mis relaciones amorosas han servido como catalizadores para muchas de mis transformaciones. A través de mis experiencias con el amor romántico, he llegado a sentir cuánta verdad encierra una de mis citas favoritas de *Un curso de milagros*: «El amor solo suma».

Pese a que por entonces no siempre estaba conectada con el amor, ahora puedo sentir cómo se ha expandido mi corazón a través de cada una de las ocasiones en que me abrí para dar y recibir amor en mis relaciones íntimas. También siento que el amor que he recibido y he compartido en cada una de esas relaciones permanece en mí como una joya sagrada muy preciada.

Esto puede sonar un poco arrogante, y también puede dar la impresión de que he pasado únicamente por encima de la angustia o el desengaño. ¡Nada más lejos de la verdad! Todavía siento tristeza por esas relaciones en las que no trabajé lo suficiente, y ahora sé con toda certeza que los sentimientos confusos y negativos no hacen más que recrudecerse cuando me aferro a la culpa, al resentimiento, a la ira no expresada y a la decepción. He experimentado todos esos sentimientos que en particular se han manifestado frente a las acciones aparentemente inconscientes, desconsideradas y temerosas del hombre de turno.

Los desafíos del amor para una mujer que ha despertado

Considero que una de las mayores dificultades con las que me enfrento por ser una mujer cuya naturaleza sanadora empática ha despertado es que con frecuencia he atraído a hombres que necesitaban mi energía pero todavía no estaban preparados, o dispuestos, para manejar los efectos de dicha energía. Me buscaban con un enorme deseo de vivir un amor (y también el sexo) que modificara su alma. Sin embargo, en cuanto entraban en mi campo energético y recibían su influencia (directamente en el centro de su plexo solar) y percibían que su propia alma los presionaba para modificar algo en su vida, se sentían atemorizados y no estaban dispuestos a hacerlo. No querían confrontarse con sus sombras ni con su resistencia.

He tenido que tomar conciencia de mi propia participación en este juego y reconocer que permití que estos hombres traspasaran el umbral. Y aun así, no estaría siendo fiel a la verdad si no expresara hasta qué punto esto me rompía el corazón (y me enfadaba) en aquellos tiempos.

Conexiones de vidas pasadas

Algunas de esas relaciones corresponden a energías de vidas pasadas, y esto evidentemente siempre magnifica las cosas. Una de las conexiones más poderosas de mis vidas pasadas es mi vínculo con Turquía y las tierras que la rodean. Allí me encontré con un alma gemela muy importante hace algunos años. Las raíces espirituales que tengo en ese país me llevaron a mantener con ese hombre una relación que tuvo un efecto muy potente en mi energía.

Fue como si una antigua caja que había dentro de mí se hubiera desbloqueado y todos sus contenidos, bellos y valiosos, dolorosos y trágicos, se hubieran derramado. La forma en que se produjo esa conexión reflejó experiencias de vidas pasadas. Posteriormente llegué a descubrir que fui una mujer con gran influencia en las culturas antiguas de las diosas de Oriente Medio y que me silenciaron y desterraron después de que me arrebataran mi poder.

Esta relación con Turquía fue significativa para mi propósito divino, ya que precisamente en aquel país se fabricaron las carpas sanadoras con las que trabajo. Empecé a escribir, y todo lo que salía de mi pluma era crudo y visceral; y, según creo, mucho más potente que antes. Todo eso consiguió salir a la superficie únicamente porque mi corazón estaba herido. O para decirlo con más precisión, había promovido ese encuentro del alma con aquel hombre porque *necesitaba* expresar ese antiguo sufrimiento, y también ese antiguo amor.

Recuerdos de haber hecho el amor con la Diosa

Creo que hoy en día hay innumerables hombres y mujeres vivos que recuerdan haber sido amados por la Diosa. Esto no tiene nada que ver con la orientación sexual ni con el sexo: es la energía del amor divino que lo abarca todo y que abre la posibilidad de alcanzar alturas espirituales en una relación íntima. Hace mucho tiempo ellos hicieron el amor en el altar de lo Divino Femenino, y esto elevó sus almas a territorios previamente inexplorados.

Una cosa es tener un recuerdo sugerente y atractivo, ser cautivado por un hombre o una mujer que ha despertado a la Conciencia de la Diosa, querer saborearla y sentirla. Pero algo muy distinto es ser capaz de utilizar esta preciosa energía para aquello a lo que está destinada: el crecimiento espiritual.

Lo que he llegado a comprender es que no me corresponde asumir la responsabilidad del cambio ni del crecimiento de otra persona, ni tampoco de si esa persona es lo que siempre soñó ser. La práctica espiritual consiste en aceptar a alguien y el camino que elija.

En todas las ocasiones en que he sufrido alguna decepción siempre he necesitado recurrir a las plegarias, concederme permiso para albergar los sentimientos que corresponden a esa situación y dejar que el proceso de sanación se lleve a cabo a su propio ritmo.

A continuación presento una plegaria para invocar cambios sanadores en una relación amorosa:

Querida Diosa,
te ruego me ayudes con los sentimientos que suscita la
relación que tengo con [nombre de la persona que te ha
herido, abandonado, decepcionado, amado].
Libero a [nombre de la persona] para que acceda
a la luz, y estoy dispuesta a perdonar.
Envío mi amor a todas las personas que amé en el
pasado, amo en el presente y amaré en el futuro, y
afirmo que solo el amor permanece y es eterno.
Gracias por tus bendiciones y por guiarme en todas mis relaciones.

También he recurrido a la poesía y la música para sanarme, y el siguiente poema siempre ha tenido un significado muy especial para mí. Es de Rumi, el gran místico de Oriente Medio:

Las tiernas palabras que nos decimos están selladas en las
bóvedas secretas del cielo. Un día caerán a la tierra como
la lluvia. Y sus brotes verdes cubrirán el mundo.

Ritual de clausura en el templo de María Magdalena

María Magdalena cierra ahora el círculo sagrado diciendo:
Mis sacerdotisas entran ahora en el templo y te rodean con la rosa de la
Magdalena, mi símbolo sagrado.
Mientras estas rosas de color rojo rubí forman un corazón alrededor de
tu cuerpo, visualiza cómo las dos llamas del amor cósmico se fusionan
en tu centro cardíaco.
Lo Divino Masculino y lo Divino Femenino están ahora unidos como
si fueran uno solo. Estas energías están perfectamente equilibradas en
tu interior.

Lo Divino Masculino trae la siembra de lo nuevo, el propósito, la dirección, la toma de decisiones, la concentración mental y lógica, los procesos lineales, el cálculo, la construcción, las estrategias y la acción, y todo ello guiado por el amor.

Lo Divino Femenino trae el nacimiento de lo nuevo, el cuidado, la nutrición, la compasión, la intuición, la sabiduría del corazón, la energía sanadora, la calma interior, los sueños y las visiones, tejer y danzar, fluir y girar en espiral, y todo ello guiado por el amor.

Lo Divino Masculino penetra el mundo con amor.

Lo Divino Femenino se abre al mundo con amor.

La fusión de las dos polaridades divinas envuelve a la Tierra con un sello de amor. La eleva a una dimensión superior, preparada para renacer en una nueva era de equilibrio y armonía.

Has invocado la energía de las llamas cósmicas para profundizar tu camino hacia la autointegración y para que te guíe hacia la satisfacción y las relaciones amorosas sagradas. Solo te queda por visitar el último templo de lo Divino Femenino.

La misión de tu alma es la llamada. Es hora de honrar tus contratos sagrados con la Diosa.

Capítulo 9

El templo de Isis

La invitación

Desde que recibiste los rituales de la Magdalena, has estado viajando a través de planos astrales, recuperando, de los portales sagrados de todo el planeta, las partes del poder de tu alma perdidas hace mucho tiempo. Has estado ocupándote de la recuperación de tu alma en la seguridad del templo de Magdalena, rodeada por tus Hermanas.

Ahora ha llegado el momento de abandonar la calidez de esta carpa y comenzar otro viaje a través del paisaje mediterráneo oriental. Te has acostumbrado a formar parte de esta hermandad y estás muy ilusionada con emprender otra aventura atravesando las arenas del desierto. María te ha dado tus provisiones, y también algunos aceites, cristales y hierbas especiales. Mientras te aprestas para montar en tu camello, preparada para partir, ella se acerca a tu lado, te coloca un pequeño objeto en la mano y cierra tus dedos alrededor de él.

«Hermana de la Luz, hazme el favor de darle esto a la persona que estás a punto de ver. Debes colocarlo en su altar con la infinita gratitud y el amor de mi corazón. Luego abandonarás su templo y te guardarás este talismán. Te ofrecerá una protección eterna y te recordará quién eres», te dice.

Te embarga una gran emoción al tener que dejar atrás a María Magdalena. Cierras la mano con fuerza y acercas el pequeño regalo a tu corazón. Mientras el camello comienza a alejarse de la morada de María, las lágrimas nublan tus ojos. Sientes que algo en tu interior ha cambiado sustancialmente.

Los días y las noches se suceden con una reafirmación rítmica mientras el grupo de peregrinas se abre paso a través del Creciente Fértil.* No tienes ningún indicio de a dónde te están llevando, ni tampoco el menor deseo de preguntar.

Una noche, mientras adviertes que cada vez hay más palmeras datileras en el horizonte y un ligero aroma de agua salada impregna el aire, una de tus Hermanas detiene la procesión y dice:

«Querida Hermana, estamos a punto de llegar a la Tierra Negra de Kemet.** Pronto tendremos que separarnos, porque nosotras debemos continuar nuestro viaje hacia el sur, en dirección a la Tierra Roja, y más allá de ella».

Sus palabras empiezan a apagarse debido a los vientos del desierto, y una vez más tienes la extraña sensación de ser transportada a una realidad alterada. Transitando hacia un estado onírico, de pronto formas parte de una visión extraordinaria. Elevada sobre la faz de la Tierra, vuelas ahora por encima de grandes extensiones, tienes alas.

Como un elemento del universo viviente, tu alma ha echado a volar.

Una nueva parte emerge de ti y sientes que es trascendente y material al mismo tiempo.

Ahora tu cuerpo desciende hacia la tierra e instantáneamente te encuentras en el interior de un antiguo templo egipcio con las paredes decoradas. En ellas se ven imágenes de grandes faraones y reinas de

---

* N. de la T.: El Creciente Fértil, también llamado «Media Luna Fértil», es una región histórica que se corresponde con parte de los territorios del Levante mediterráneo, Mesopotamia y Persia.

** N. de la T.: Los egipcios llamaban a su país Kemet. Los egiptólogos europeos lo tradujeron como «la tierra negra», por oposición al color ocre del desierto, que correspondía a aquella zona en la que las tierras eran fértiles por efecto de los limos negros depositados tras las crecidas anuales del río Nilo.

numerosas dinastías haciendo ofrendas a los dioses. Sus inscripciones sagradas han sido grabadas en la roca con gran belleza y precisión. Como si fuera pura magia, oyes voces celestiales que cantan tu nombre en armónicos; el sonido llega a ti y te baña como una marea de amor. En el suelo hay un libro de grandes dimensiones; sus páginas están abiertas y emiten potentes rayos de luz. Miras hacia abajo e intentas leer lo que está escrito, pero solo hay símbolos y jeroglíficos. Sin embargo, observas detenidamente las marcas que hay sobre el papiro y sabes que esas páginas contienen las antiguas profecías de tu alma.

De pronto la cámara se llena de los rayos de luz más gloriosos que hayas visto jamás, y tú sientes que estás clavada en tu sitio.

Ella se manifiesta ante ti en medio de un resplandor de fuego blanco, una inmensa visión de la majestuosidad femenina sagrada.

Sobre su aura planea su único símbolo: un anj* *radiante, la marca del poder soberano de la Gran Madre.*

Todo lo que debes ofrecer a la humanidad y a la Tierra en esta vida se encuentra aquí.

Todos tus contratos divinos están documentados aquí.

Todas las lecciones de tu vida están registradas aquí.

Todo lo que debes dar y recibir por derecho de nacimiento divino te está esperando aquí.

Tu boca se seca y tu corazón late apresuradamente mientras buscas en tus vestiduras el objeto que te dio María Magdalena.

Todavía no lo has mirado, pero mientras lo sacas para colocarlo en el altar de esta gran Diosa, tus ojos se abren de asombro.

Tu pequeño Anj de oro, el Tesoro de la Magdalena, se reúne ahora con la suprema magnificencia del símbolo de la luz que hay enfrente de ti.

Anj se encuentra con Anj en esta residencia sagrada del antiguo Egipto, en la que están las claves finales del viaje de tu alma.

Y tú estás ahora en el templo de Au Set, la Gran Madre Isis.

---

* N. de la T.: El anj (♀) es un jeroglífico egipcio que significa «vida». También se la denomina cruz ansada (cruz con la parte superior en forma de óvalo, lazo, asa o ansa) *–crux ansata* en latín–, llave de la vida o cruz egipcia.

¿Quién es Isis?

Isis fue venerada como una diosa primordial en Egipto durante más de siete mil años. Es la protagonista de la historia más influyente de la mitología egipcia, en la cual la reina resucita a su esposo asesinado, el divino rey Osiris, y luego le da un heredero, Horus. Sus devotos prevalecieron a lo largo de las ocupaciones griega y romana de Egipto, y se extendieron por la vasta región mediterránea. Se creía que Isis englobaba el poder mágico de todas las demás deidades, y en consecuencia era conocida como «La dama de los diez mil nombres».

El simbolismo del mito de Isis y Osiris demuestra la condición de Isis como una fuerza omnipotente de lo Sagrado Femenino. Intuyendo la muerte de Osiris, Isis invoca su verdadero nombre, Au Set, y desarrolla alas de plumas para volar hacia él. La efusión de su pena, amor y deseo sexual por su marido, y la ira que le causa que la haya abandonado, es lo que lo trae nuevamente a la vida. Él solo puede vivir en el inframundo; sin embargo, Isis ha garantizado su tránsito seguro a la vida en el más allá con sus hechizos y rituales. Esto constituyó un modelo para las prácticas religiosas legendarias de los antiguos egipcios en los ritos funerarios destinados a conceder la inmortalidad después de la muerte.

Isis desempeñó una función espiritual central como maestra y madre para los grandes líderes de las civilizaciones del antiguo Egipto, y también como divina protectora y diosa universal de los pueblos.

En el léxico pagano, la diosa es reverenciada como portadora de las claves superiores para el poder femenino. No cabe ninguna duda de que María Magdalena fue iniciada bajo su tutela, para que practicara las artes sanadoras y la magia de las sacerdotisas.

La reina Isis de Egipto porta, protege y difunde nuestros contratos sagrados con la Diosa. Como una Divina Madre para las personas, activa el oro que hay en nuestro corazón, nos brinda el coraje necesario para elevarnos por encima de las limitaciones y los miedos del pasado y desbloquea las claves internas de nuestro poder y propósito.

Los temas arquetípicos de Isis son los siguientes:

- La sanación de la madre.
- Elevarse para alcanzar el poder y el propósito.

La sanación de la madre

En el templo de Isis llegamos a una zona esencial para desarrollar la autoconciencia que está profundamente entrelazada con la Conciencia de la Diosa. Este es el espacio en el que *puede entrar en acción la sanación de la relación con la propia madre*.

Cuando trabajas con las energías de la Madre Universal, pueden hacer aflorar tus sentimientos y procesos psicológicos internos asociados a la relación con tu propia madre. Esto puede requerir un análisis y una sanación en un nivel muy profundo. Decidirás hasta qué profundidad estás dispuesta a llegar (o necesitas llegar) cuando trabajes conscientemente sobre esta relación; eso dependerá de la dinámica y las lecciones que tu alma reclame para esta vida.

La diosa Isis trae la sanación de la madre como un paso vital para este camino, porque sus claves sagradas activan *las energías que te instan a expandirte más allá de los límites anteriores*. Su función puede ser ayudarte a que te atrevas a superar las opciones o preferencias de tu propia madre, para poder materializar tu poder personal. Cualquier sanación que realices en torno a la relación con tu madre honra la vida que ella te dio, y también sus decisiones. Y además limpia la energía del vínculo que hay entre ambas.

Algunas tradiciones antiguas creen que cuando trabajamos conscientemente con nosotras mismas, sanamos a nuestros ancestros y también a nuestros linajes futuros. Limpiamos los caminos energéticos de siete generaciones anteriores y de siete generaciones futuras.

Cada vez que emprendes alguna acción para limpiar un vínculo entre tú y tu madre, se activa el crecimiento, la sanación y la progresión a través de todo tu linaje. Este trabajo también te empodera para afirmarte y valerte por ti misma, para asumir la responsabilidad de tu propia vida, y para valorar y aprobar los deseos de tu alma.

Elevarse para alcanzar el poder y el propósito

Lo esencial del acto de elevarse para alcanzar el propósito divino podría resumirse de la siguiente forma:

Sabes que existe una profunda verdad que necesitas abarcar, pero tienes miedo de producir cambios que pueden ayudarte a vivir de acuerdo con esa verdad.

Esto le sucede prácticamente a todo el mundo, puesto que nuestras contribuciones más importantes a la vida están inextricablemente vinculadas con nuestros miedos más profundos.

Uno de los trucos más perjudiciales del ego es convencernos de que podemos comenzar a ofrecer los dones de nuestra alma únicamente cuando ya no albergamos ningún miedo ni sufrimiento. Y cuando digo miedo o sufrimiento, también quiero decir estar enferma; sentirse cansada, desgarrada, indigna, no cualificada, demasiado ocupada, consumida por las necesidades o juicios de otras personas, carecer de confianza; no sentirse apoyada; sentirse insegura, traumatizada y no sanada, o cualquier otra artimaña que nuestro pequeño Ser desee emplear para disuadirnos.

Otro truco del ego es decirnos que antes de comenzar a poner en práctica nuestro propósito divino, debemos tener una garantía de cómo será percibido y sentido por los demás, y de cómo se desarrollará. Eso es absolutamente falso y provoca confusión. Impone a la mente que se haga cargo de la función ejecutiva principal, obligándola a realizar un esfuerzo innecesario con el fin de apartarla de sus objetivos.

Tácticas sagradas: el camino de una mujer que ha despertado

La esencia pura de tu misión de lo Divino Femenino está formada por las siguientes prácticas:

- Estar dispuesta a conocer tu verdad profunda.
- Estar abierta para dejar fluir tu verdad.
- Manifestar esa verdad frente a las demás personas y el planeta.
- Reconocer hasta qué punto estás dispuesta a dejar que esa verdad te despierte, sane y transforme.

En lugar de utilizar la palabra *verdad*, intenta sustituirla por *sueños*, *poder*, *amor* o *luz*. Siente estas afirmaciones y considéralas como mantras o meditaciones. Deja que impregnen todo tu ser con esta plegaria diaria que invoca tu propósito de lo Divino Femenino:

Diosa Isis,
te invoco ahora. Por favor, envuélveme con tu amor, guía y apoyo.
¿Cómo puedo servirte hoy? Solicito ser alineada con mi
camino superior para contribuir en tu nombre.
Solicito tu orientación, y me rindo al camino que habrás de mostrarme.
Te ruego que entres en mi mente, corazón, cuerpo y alma
para que pueda abrirme realmente y cumplir el contrato
de vivir como una embajadora de tu amor.
Me abandono y dejo que tú guíes mi camino.
Muchas gracias.

Tus sueños

Todo lo que aspiras más intensamente ser, crear y vivir constituye la energía del alma en la que has encarnado para expresarte.

Tus sueños más preciados son la clave para descubrir qué es lo que la Diosa más desea que compartas. Has llevado tus sueños y tus visiones en tu corazón y en tu alma durante todas tus vidas pasadas.

Cuando renuncias a tus sueños, te niegas a
manifestar tu verdad y tu poder espiritual.

Tus sueños normalmente no se desarrollarán de acuerdo con las expectativas de tu mente, y te llevarán más allá de la zona cómoda y familiar de lo conocido.

Necesitarás amigos leales y de confianza para hacer realidad tus sueños, amigos que no se sientan amenazados por tu deseo de vivir tu verdad y que permanezcan a tu lado y te ofrezcan su apoyo en las buenas y en las malas.

Tus sueños son las semillas de las respuestas para las plegarias de otras personas. Así es como te conviertes en un canal para el amor, y con frecuencia así es como las demás personas reciben lo que han pedido en sus oraciones.

Independientemente de lo que hagas, hazlo desde el deseo de compartir tu alma con los demás. No lo hagas para ganar popularidad ni atención, ni tampoco para complacer *a nadie*.

Si tu forma de vivir solamente responde a las expectativas de otras personas, o no te permites crecer porque tienes miedo de lo que podría ocurrir si maduras, estás llevando una vida que es incongruente con tu verdad espiritual.

El camino único de tu alma

Cuando te alinees con tu camino único, recuerda:

- **La Diosa te mostrará ese camino**. No será una línea recta. Ese camino te llevará hacia los recovecos más profundos de tu misterio interior, y en ocasiones eso se parecerá mucho al fracaso, a los errores, a la confusión, al caos, a derrumbarse, a hundirse, a progresar lentamente o incluso a que no suceda nada en absoluto. Eso es el nacimiento. Luego hay un avance. Y más tarde una nueva vida. Esto puede ocurrir una y otra vez. Recuerda que solamente tienes que respirar, abandonarte y decir «sí» en cada etapa del proceso.

- **Para forjar tu camino necesitas manos firmes pero al mismo tiempo flexibles.** Alinearte con tu propósito femenino es como hacer un buen pan: se trata de un proceso que requiere amor, paciencia, confianza y la capacidad de resistir un horno caliente.

- **No te distraigas.** Tal como sucede en una clase de yoga, es más fácil encontrar tu centro cuando resistes la tentación de mirar cómo los demás hacen las posturas. Lo mismo sucede con tu propósito: está totalmente alineado con tu verdad interior, de manera que es imposible que puedas sintonizarte con él si estás constantemente distraída, pendiente de cómo trabajan las demás personas. Tu propósito necesita que estés concentrada al cien por cien en tu propia guía intuitiva.

En el camino del despertar de una mujer no existen atajos. Ella avanza paso a paso en su viaje en espiral con una devoción absoluta. Excava profundamente, y cuando necesita ir un poco más hondo, encuentra los recursos que nunca imaginó tener. Cuando siente pánico, le asaltan dudas o se siente amenazada, solicita la ayuda divina. Y sigue adelante.

Ella confía en la Diosa. Cuando su ego le dice que todo lo hace mal, que las cosas deberían ir más rápido, mejor y ser más espectaculares, ella se deja guiar con serenidad por la voz de su alma. Confía en que la Diosa sabe exactamente lo que es capaz de crear y cómo crearlo. Sabe que no hay atajos ni soluciones rápidas.

Ella encuentra el sentido. El camino de la mujer que ha despertado se caracteriza por que es transitado con la disposición de conocer la belleza de la vida que a menudo pasa desapercibida. El camino es encontrar el sentido en las cosas más simples, las que están en segundo plano, y en aquello que los demás no siempre quieren ver.

La mujer que ha despertado es humilde. Ella sabe que su propósito no es asunto suyo, sino de la Diosa. Una mujer debe eliminar las capas y las defensas, cortar las hierbas que han crecido demasiado y limpiar el recipiente antes de ser una canalización de la Diosa. Si recuerda cómo escuchar, y es capaz de crear un espacio sagrado para hacerlo, toma conciencia de que las instrucciones divinas se ofrecen paso a paso.

Lo único que necesitas saber es que debes empezar precisamente desde el punto en el que te encuentras.

Comienza a hacer tu trabajo

Antes de dar el siguiente paso, pregunta a la Diosa. Abre tu ser para recibir la respuesta de formas inesperadas. Presta atención a la guía intuitiva de tu alma.

Haz lo que se te solicite, aunque te parezca muy simple (o pienses que no tiene ninguna relación con lo que crees que necesitas o deseas).

Podría ser algo así como: consigue un nuevo trabajo, abandona esa relación amorosa, pide perdón, dile a alguien que lo amas, medita de forma regular, acude a una terapia, elimina las distracciones, promociona tus servicios, asiste a un taller o a una conferencia, lee un libro determinado, comienza a crear o a aprender algo nuevo, empieza a cuidar tu energía femenina, pide ayuda.

Probablemente será algo muy simple (aunque no necesariamente fácil) como por ejemplo: respira profundamente, quédate totalmente quieta durante unos minutos, mantente muy presente en cualquier actividad que realices, acepta plenamente este momento, sé amable contigo misma, habla con una amiga que siempre te apoya, sal a dar un paseo tranquilo, observa la belleza que hay por todos lados, acepta la sanación, confía en tus sentimientos.

Pide que te muestren el camino,
y luego asegúrate de estar allí. Y nunca lo olvides:
deja que la Diosa se ocupe de los detalles.

Cada paso que das en el proceso de sanación genera un efecto que se multiplica en todo el universo. Cada vez que atraviesas el miedo para manifestar tu capacidad de amar más profunda, te ofreces a ti misma una enorme sanación.

Todo lo que anhelas dar es lo que más necesitas recibir. De manera que deja de esperar que las cosas sean perfectas antes de ofrecer tu amor y tus dones. El momento, las condiciones, la pareja, la economía o el cuerpo ideales para el ego son meros rehenes de un futuro ilusorio. El propósito de tu alma está esperando que tú lo reclames en este instante que es perfectamente imperfecto; y ya ha salido en tu busca.

El momento perfecto siempre es ahora.

Alinearse con el propósito

Creo que el propósito sagrado abarca todo lo que somos, la forma en que actuamos e interactuamos, el modo de utilizar toda la energía de nuestra fuerza vital con la conciencia de que somos vehículos para lo Divino. El propósito sagrado no se limita a nuestra contribución activa en la sociedad, ni a lo que hacemos para ganarnos la vida. Podemos desempeñar cualquier trabajo, pero si lo hacemos con arreglo a nuestra verdad interior y con gratitud, nuestro trabajo será un servicio de gran importancia para el universo. Tal como dice la maestra espiritual Caroline Myss: «No hay trabajos pequeños».

Reconozco también que por ser mujeres llamadas a despertar por lo Divino Femenino para que cumplamos una función específica de sanación global, debemos estar atentas a los impulsos intuitivos cuando estos se manifiesten. Debemos tener la capacidad de advertir si nuestra energía pierde su alineación en un determinado ambiente, trabajo o relación. Somos personas muy sensibles, y esa sensibilidad desempeña una función fundamental en nuestra vida.

La emergencia del alma femenina

Antes de que mi ser femenino intuitivo despertara, trabajaba constantemente para desarrollar mi capacidad de escuchar. Contaba con un sistema de navegación GPS muy efectivo; sin embargo, estaba demasiado bloqueada como para reconocer exactamente sus indicaciones.

Una de las primeras veces que sentí que mi alma femenina surgía dentro de mí (aunque en ese momento nunca lo hubiera descrito de este modo) fue cuando tenía alrededor de veinticinco años. En esa época hacía muy poco tiempo que mi novio, Stu, y yo vivíamos juntos.

Una noche estábamos sentados fuera de la casa decidiendo a dónde íbamos a ir a cenar. De pronto experimenté una fuerte carga emocional y me eché a llorar de forma incontrolable sin saber por qué. Stu seguía hablando de restaurantes, mientras yo estaba siendo vapuleada por una oleada de sentimientos muy intensos.

De repente me preguntó: «Sophie, ¿qué demonios te está pasando?». Apoyé la cabeza en su pecho y empecé a sollozar y a temblar sin poder explicar la razón. Stu me abrazó hasta que finalmente fui capaz de empezar a pronunciar algunas frases fragmentadas. Súbitamente, me sentí aplastada por el peso de mi propia voz interior. Fue una experiencia aterradora.

Todo lo que pude decir fue algo parecido a: «¿Y qué pasará si jamás llego a saber lo que necesito hacer? ¿Qué ocurrirá si nunca lo descubro? No puedo soportar esta incertidumbre, sé que necesito hacer algo. Sé que necesito escribir, pero no sé de qué».

¿Y si nunca lo lograba? ¿Qué sucedería si no era capaz de hacerlo? No podía soportar la sensación de que nunca llegaría a saber lo que necesitaba hacer.

Estaba atormentada, petrificada y desesperada. No podía sobrellevar el pensamiento de que quizás no llegaría a descubrir lo que la vida deseaba de mí.

Todo lo que sabía era que había algo que deseaba mostrarme una nueva dirección. Algo me estaba hablando. Mi desesperación era la clave de lo que habría de suceder muy pronto en mi vida.

En aquel momento la emoción más intensa para mí estaba asociada a la sensación de tener una enorme responsabilidad y al miedo de no ser capaz de asumirla. Fue la primera *conexión* visceral con mi contrato sagrado con el mundo.

Lo que sucedió más tarde fue totalmente inesperado, y un ejemplo de cómo el universo sabe realmente lo que necesitas para que el propósito de tu vida se manifieste.

Finalmente, Stu y yo salimos a cenar. Fuimos a un restaurante que estaba bastante oscuro. A lo largo de la cena todavía no pude evitar seguir llorando a ratos. La Diosa estaba trabajando en mi interior aquella noche, pero yo lo ignoraba. Unas palabras salieron de mi boca mientras las lágrimas corrían por mis mejillas, y hasta el día de hoy no tengo ningún recuerdo de haber tenido un pensamiento que las anticipara, y mucho menos de haberlas pronunciado conscientemente: «Quiero tener un hijo».

Stu se quedó atónito durante unos instantes. Luego, prácticamente de inmediato, su rostro se relajó, me miró a los ojos y dijo: «Muy bien».

¡Era eso! Una semana más tarde estaba embarazada.

El embarazo, el nacimiento de mi primera hija y la transición hacia la maternidad sacudieron mi mundo hasta sus cimientos y me condujeron precisamente a donde más necesitaba ir.

Me llevó a enamorarme de mi primera hija y a comenzar a sanar la relación con mi madre. A partir de entonces, se desencadenó todo lo demás.

Un camino sinuoso

Durante los últimos veinte años he sido conducida a través de un camino sinuoso de sanación emocional, crecimiento personal y despertar espiritual.

Desde entonces, el trabajo de mi vida ha sido esencialmente sanar mi corazón.

Mis hijas llegaron a este mundo para impulsar mi propósito. Por el hecho de no tener madre, mi función maternal fue esencial para mi propia sanación. Criar a mis adoradas hijas ha sanado mi corazón.

He aprendido a conectar conmigo misma y a fiarme de mi guía femenina, con el apoyo de muchas maestras y mentores maravillosos que llegaron a mí en el momento exacto para ayudarme a recordar. He aprendido a utilizar mis dones intuitivos para ayudar y orientar a otras personas, y para expresarme creativamente de diversas formas que son profundamente gratificantes.

Puedo decir con toda sinceridad que todo lo que he creado en los últimos trece años de mi vida fue gracias a que he llegado a confiar en mi energía intuitiva femenina. También puedo decir que no siempre ha sido fácil: mi intuición me ha llevado mucho más allá de mi zona de confort, me ha hecho trabajar innumerables horas, me ha revelado partes de mi verdad que no siempre me resultaron agradables y me ha demostrado que estaba equivocada al pensar que ya había aprendido la lección de la paciencia. Todavía tenía que conocer lo que realmente significaba ser paciente.

Cualquier madre o cuidadora sabe muy bien que la vida doméstica compaginada con la crianza de los niños y un trabajo fuera de casa implica hacer una infinidad de malabarismos y es una tarea épica. Sin embargo, la necesidad de desarrollar mis habilidades con los niños era un don oculto para mí. A menudo me exasperaba por la falta de tiempo, las demandas constantes y las interrupciones. Pero fue precisamente por el hecho de tener un tiempo limitado para escribir, o hacer cualquier otra cosa, por lo que casi no tuve otra opción más que atravesar cualquier miedo o resistencia. Sencillamente, no tenía tiempo para darle vueltas a las cosas o sentirme paralizada.

Rendirse a la Diosa

No tenía ni la más remota idea de lo que era capaz de compartir y crear cuando tenía veinticinco años. Si en aquella época, o en algunos otros momentos a lo largo del camino, hubiera tenido lo que entonces pensaba que quería tener, no habría sido capaz de crear nada parecido al libro que tienes ahora en las manos.

No conocía lo que había enterrado dentro de mí. No sabía que me llevaría años de práctica, coraje y disciplina llegar a descubrir, y más tarde perfeccionar, mis dones auténticos para ofrecerlos más tarde en el momento oportuno. No sabía que sería conducida a crear espacios seguros para que las personas pudieran compartir conmigo sus emociones y verdades sagradas.

Ignoraba lo que la Diosa me tenía reservado. Y tú tampoco lo sabes.

Esta es la magia y el misterio de lo Divino Femenino, y es la magia y el misterio de ti misma.

Te invito ahora a que digas la siguiente oración conmigo:

Querida Diosa,
te ruego me ayudes a abrirme a mi sanación más
profunda, a mi despertar y a mi transformación.
Te entrego las percepciones limitadas de mi ego sobre lo que soy
capaz de hacer. Ahora te pido que entres plenamente en mi vida y
me conduzcas hacia el propósito sagrado para el cual he nacido.
Ahora puedo recibir todo lo que tienes para ofrecerme.
Me aparto de mi propio camino y dejo que la Diosa
que hay en mí me enseñe el camino.

Estoy en los brazos de la Gran Madre,
y me ha sido concedido todo aquello que necesito para
cumplir con mis contratos divinos, ahora y siempre.
Y así será.

Has salido de la caverna

Has permanecido en el templo de Isis durante un tiempo. Los rayos dorados han estado tocando tu aura. La misma diosa Isis está de pie directamente frente a ti, y tú la ves como una figura refulgente blanca y dorada.

Comienza a enviar energía para tus chakras desde sus propias siete esferas de luz. Te sientes revitalizada gracias al fluir de los colores del arcoíris. Ahora, una hebra de luz dorada, un delicado hilo brillante, se sitúa sobre tu séptimo chakra, a unos pocos centímetros por encima de tu cabeza. Luego desciende y pasa por cada uno de los chakras. Mientras el hilo dorado los atraviesa, uno tras otro, todos los colores comienzan a brillar: violeta, índigo, azul, verde, amarillo, naranja y rojo.

Isis deposita ahora la dorada vibración de su Anj en cada uno de tus chakras. A medida que dicha vibración se integra en lo más profundo de tu ser, te sientes cargada de confianza y valentía. Tu visión interior descubre destellos dentro de ti y entreví otros mundos y civilizaciones en los cuales sabes instintivamente que tuvieron lugar tus encarnaciones pasadas conectadas con tu diosa más poderosa y conmovedora.

En tu meditación oyes una hermosa voz que te habla. Es la gran dama de los diez mil nombres, la Gran Madre de Egipto.

«Diosa, el círculo se está cerrando. Esta es una época de grandes promesas, renacimiento y cumplimiento de los contratos divinos. Es un momento maravilloso de cambio, crecimiento y renovación.

»En este viaje has comenzado a salir de la cueva.

»Te has reconectado con tu propósito y tus deseos del alma en un nivel celular y has iniciado el proceso de entregar tus cartas de devoción y servicio al mundo.

»Es probable que no tengas la sensación de que todo ha comenzado, pero así es. Has puesto en movimiento un ciclo de eventos, que te

impulsará a sanarte tú misma, a reparar viejos daños, a devolver la plenitud de lo femenino a tu cuerpo psíquico, a volver a plantar las raíces de la Conciencia Femenina en la Tierra y a sacar a la luz la savia vital del amor superior para que circule por las ramas y las hojas.

»Estás haciendo un trabajo monumental: volver a plantar. Estás restableciendo un mandato de vivir en este planeta que ha estado mucho tiempo latente.

»Estás alcanzando las estrellas, y simultáneamente estás excavando profundamente en la Tierra para encontrar tus recursos espirituales. Estás escuchando las manifestaciones de lo Divino que se ofrecen únicamente a aquellos cuyos oídos están preparados para escuchar.

»Has salido de la caverna, y este es el paso más valiente; gracias a él te dirigirás hacia los nuevos reinos de la experiencia».

Mientras Isis pronuncia sus palabras finales, sientes que estás retornando al espacio del templo. Miras hacia abajo y ves tu cuerpo. Descubres que tu viejo vestido de lino ha desaparecido y ha sido reemplazado por una túnica de color carmín, que cubre elegantemente uno de tus hombros. Sobre tu cabeza hay una corona de flores de color rosa dorado. En tus manos está el maravilloso Anj, infundido ahora con la protección de tus Madres Espirituales.

Isis sonríe con un amor inconmensurable y te señala el espacio que hay detrás de ti. Allí, para tu asombro, hay una puerta abierta. La luz del sol entra por el portal mientras Isis te toma de la mano y te conduce a través de él.

Te lleva al jardín del templo. Es el jardín más extraordinario que has visto jamás.

Hay un bosquecillo de olivos, filas de higueras y sicomoros, granados y viñas. El exquisito aroma de las hierbas y las especias inunda el aire: mejorana y coriandro, comino y anís. Entre las amapolas y rosas de colores vibrantes hay pequeños estanques con papiros.

Estás de pie junto a Isis, asida de Su mano bajo la cálida luz del sol. A poca distancia, algunas figuras se abren paso por el jardín en dirección a ti. A medida que se acercan tu corazón late de gozo al reconocerlas. La primera energía familiar que percibes es la formidable Kali, que lidera la procesión. Las lágrimas comienzan a fluir de tus ojos a medida que cada una de las diosas que has visto a lo largo de tu viaje retorna a tu lado. Tras Kali vienen la Madre María, Kuan Yin, las nueve sacerdotisas de Avalón, Hécate, Afrodita, Lilith. Todas ellas se acercan silenciosamente, y una vez más forman un círculo a tu alrededor. Agarradas de las manos, las diosas irradian hilos de luz resplandeciente para formar una gloriosa red de inspiración, prodigios y antiguas enseñanzas.

La red de luz te envuelve, un milagro tejido de amor eterno.

A través de tus lágrimas de alegría, súbitamente adviertes que algo falta y te giras hacia Isis. Pero ¿dónde está María Magdalena?

Isis sonríe y te conduce a través del Círculo de las Diosas hacia un muro que hay al fondo del jardín del templo, donde distingues una pequeña puerta de madera tallada. Miras hacia atrás, en dirección al círculo de las guardianas de lo Sagrado Femenino que se han convertido en tus pilares de la verdad, la sanación, el conocimiento y la guía.

De pronto tu corazón se siente desbordado de ansiedad y aflicción. «¿Las estoy abandonando? ¿Os estoy abandonando? ¿Cuándo volveré aquí? ¿Cómo podré vivir en ese loco mundo exterior sin vosotras?».

Isis se dirige hacia la puerta y la abre. Ella es un modelo de exquisito amor divino, y la miras sabiendo que es hora de volver a tu vida normal. Sus dedos tocan por un instante tu tocado de flores, y tu Anj de oro está firmemente abrochado sobre tu pecho. Te sientes majestuosa con tu túnica de color rubí.

Al salir del jardín te encuentras en un lugar que puedes reconocer. Estás en casa. Ligeramente aturdida e insegura, comienzas a andar a lo largo de una calle que te resulta familiar, y de pronto descubres que estás frente a tu librería favorita.

Eres conducida hacia el interior como si fueras atraída por un imán. La librería está prácticamente vacía, pero hay una mujer que te da la espalda y a la que instantáneamente te sientes impulsada a dirigirte. Está mirando una estantería de libros y tiene uno en su mano. Mientras te acercas a su lado, se gira y te muestra su rostro.

Sus ojos producen destellos y arden con el fuego de lejanas tierras míticas. Su perfume te evoca recuerdos de antiguos rituales. En su garganta brilla un colgante delicado, un Anj pequeño y dorado.

No puedes evitar expresar la alegría desbordante que te produce reconocer a esa mujer: «¡Oh, María!, es maravilloso...».

La mujer sonríe y coloca suavemente Sus dedos sobre tus labios. María Magdalena extiende sus brazos y te abraza larga y cálidamente. Y allí os quedáis las dos, mirándoos con gran felicidad durante varios minutos antes de que María comience a hablar en un tono de voz casi inaudible.

«Mientras te miro, amada Hermana de la Luz, mi corazón está desbordante de alegría.

»¿Acaso sabes lo valiente que eres?

»Has emprendido el viaje más valeroso para retornar a tu corazón.

»Ahora, en esta misma librería, en esta ciudad vibrante, puedes sentir cuánto perteneces a todo esto. Aquí es realmente donde debes estar. Tienes un trabajo del alma maravilloso para ofrecer en este lugar. Tienes hermosas relaciones para disfrutar. Tú eres la respuesta para las plegarias de muchas personas.

»Debes saber que eres fuerte, capaz, sabia, intuitiva, sensible y profunda.

»Debes saber que estás llena de emociones, llena de amor, llena de luz y llena de prodigios sensuales.

»Debes saber que estás llena de sabiduría antigua, de las claves y secretos sagrados de los templos.

»Debes saber que gracias a todo por lo que has pasado te has convertido en lo que eres.

»Nadie más podría haber recorrido el camino que tú has transitado.

»Recuerda el Camino de la Diosa y cómo fluye de manera natural. Recuerda lo paciente y resistente que es. Recuerda el poder de esta energía infinita.

»Has recibido grandes energías espirituales que tardarán tiempo en desarrollarse, igual que los hermosos pétalos de tu corona de peonías.

»Nosotras siempre estamos aquí. Búscanos, porque somos los sonidos del viento, el pájaro que viene a visitar tu jardín, el mensaje que recibes

de una canción, y las palabras que te enseñamos a continuación. También moramos en el silencio, en la sabiduría de tu propio cuerpo y en tu voz interior.

»Hermana de la Luz, tu trabajo es revitalizar la Tierra y los corazones de la humanidad con el amor de la Diosa. Lo que eres, y lo que traes, es suficiente... y puede mover montañas.

»Todas nosotras trabajamos a través de ti y estamos maravilladas y eternamente agradecidas por tu presencia terrenal.

»Si la Gran Madre Cósmica del Todo se dirigiera a ti en este momento, y lo está haciendo, te diría: "Tú eres el amor de mi vida"».

María te suelta la mano y busca algo en su mochila de piel. Saca un libro y lo pone en la palma de tu mano mientras dice sonriente: «Probablemente disfrutarás leyéndolo. Llévalo contigo en tus viajes. Estoy en cada una de sus páginas, de sus líneas y de sus palabras».

Un torrente de amor mana de tu corazón, y aunque sabes que ha llegado la hora de que María Magdalena retorne a lo invisible, lo único que experimentas dentro de ti es una sensación cada vez más grande de paz y comprensión.

El libro parece estar vivo entre tus manos, y al mirar la cubierta te arrodillas en el centro mismo de la librería. Tus ojos se fijan en el título dorado y en la delicada y brillante decoración.

«Despierta a las diosas que hay en ti».

Una sonrisa se abre paso en tu rostro. Fuera, las calles están llenas de gente, movimiento y vida. Abres la primera página de tu nuevo libro y comienzas a leerlo.

La mujer profunda, para Lily Moses

La mujer profunda canaliza la energía pura de la Fuente. La mujer profunda ha venido para cambiar la estructura de las formas existentes. La mujer profunda ha llegado para devolverle a la Tierra la conciencia de un poder espiritual llamado luz femenina.

La mujer profunda es una fuerza de fulgor natural que no puede detenerse.

La mujer profunda ha superado el ansia de encontrar soluciones externas para la propia realización. Después de incontables años de trabajo para abrir su corazón, la mujer profunda ha descubierto que ha sido invitada por la vida a excavar en las profundidades de la existencia.

La mujer profunda debe confrontarse con lo que se presenta como una ilusión en este plano terrenal. Debe abandonar el espacio de la mente y retornar a su cuerpo. Tiene que seguir profundizando en su núcleo sagrado hasta restablecer la verdad en él.

Debe sacar a la luz la antigua magia que ha olvidado y que ya no utiliza. Tiene que avanzar sobre un camino de piedras antes de llegar a su frondoso y fresco jardín. Tiene que recordarle a su atribulado corazón que la sabiduría reside en su propio cuerpo, en sus sentimientos y en sus interminables ciclos de energía en movimiento.

Debe elevarse una y otra vez sobre su hastío y su cansancio. Debe perseverar, incluso cuando sienta la tentación de abandonar. Debe seguir adelante.

Debe seguir respirando, porque su naturaleza profunda le dice que la Tierra necesita su aliento para seguir girando. Su respiración le informa que está conectada con los ángeles, con los antiguos sabios, con los iluminados, con los maestros ascendidos y con la Gran Diosa.

La mujer profunda llega a un punto de su viaje en que debe vaciarse muy intensamente.

Debe negarse a actuar en connivencia con las masas dormidas: el mundo de los medios de comunicación adulterados, emocionalmente endurecido y gobernado por el ego. Ella se aparta de las formas superficiales de un sustento tan esplendoroso como falso.

Se despoja de los accesorios externos y va directamente a lo esencial.

Y nuevamente comienza a vivir con los lobos, la luna, los árboles, la tierra, el océano y las estrellas.

Fija su residencia en sus templos interiores, se vuelve hacia ellos con todo su amor, se deja cautivar por su luz y promete fervientemente que nunca más volverá a abandonarse.

La mujer profunda se encuentra habitualmente inmersa en el silencio, puesto que este es su hogar eterno.

La mujer profunda descubre un deseo anhelante de intimidad espontánea con toda forma de vida.

La mujer profunda busca solamente la verdad, porque ella es la verdad.

La mujer profunda rara vez habla precipitadamente, y evita las habladurías. Ha cultivado una conciencia espiritual y una presencia de una textura exquisita. Elige sus palabras con gran cautela, porque sabe que ser auténtica es el mayor regalo que puede recibir una mujer.

La mujer profunda se forja un amplio espacio para ella misma en este planeta.

Anida en la Tierra, conecta sus chakras con los espacios bañados por la luz y abre su matriz antigua a la Diosa.

Permite que toda la información divina contenida en sus células la guíe en su camino.

Se conecta con su útero y su preciosa sangre.

Mira a los ojos a las demás personas como una práctica sagrada.

Toca a las demás personas y les hace saber que están seguras.

Hace el amor con sus miedos: se funde con sus miedos, penetra completamente en ellos y les concede permiso para moverse a través de su cuerpo.

Le da gran prioridad a la magia que hay en el tercer ojo.

La mujer profunda cruza los umbrales que favorecen la evolución de la conciencia. El movimiento de su vida crea transformaciones a gran escala.

La mujer profunda lo ha visto todo, ha sido testigo de todo, ha muerto una y otra vez.

Le ha dado vida a todo.

La mujer profunda rara vez es reconocida en nuestro mundo sin alma, impulsado por los valores comerciales y donde lo que importa son las soluciones externas y las ganancias materiales.

La mujer profunda es un sueño iluminado de verdades en medio de la pesadilla soporífera, aturdida, impulsada por la adrenalina, desconectada, inducida por el miedo y con el corazón endurecido que finge ser la vida.

Ella es amor, disuelto y sincero, en todas sus formas. Es sanación paciente y duradera. Es salvajemente audaz, y vuelve a nacer una y otra vez. Ella es la totalidad de la naturaleza, plasmada en carne y sangre.

Las mujeres profundas han pasado eones deambulando por los bosques, ocultas en las montañas, nadando en los océanos y rezando en sus templos.

Es posible que no hablen expresamente de todo esto, pero debes saber que su mirada prodigiosa contiene toda su experiencia.

Pueden enseñarte algunas cosas sobre la vida, sobre el amor, sobre cómo pasas tu tiempo aquí y, lo más importante, sobre los dones de tu alma.

Las mujeres profundas caminan entre nosotros y agradecen a Dios por poder hacerlo. La Diosa las envió aquí para reclamar una vida profunda para todos.

La Tierra las absorbe y se niega a dejarlas partir, porque su brillo y su profundidad sagrada son tan vitales como el oxígeno para sostener la vida en este planeta.

Estas mujeres están integradas en la Tierra. El cosmos cuida de ellas con total determinación. Son las joyas preciosas del universo.

Las mujeres profundas afectan a todos los que entran en contacto con ellas.

Las mujeres profundas están aquí para escuchar al alma y para restablecer la presencia franca y transparente, la sabiduría del corazón, la respiración, la sangre y el misterio, con el propósito de favorecer a nuestro planeta.

Las mujeres profundas son las antiguas y fragantes notas de la canción de la Tierra.

Las mujeres profundas son convocadas para emitir la luz de su ser y agitar las memorias embotadas de una humanidad ciega que ha perdido su rumbo.

Toma de la mano a una mujer profunda, y te estarás haciendo una promesa. Te estarás recordando que esta es la vida de la que te acuerdas, y la más importante para ti. Todo lo que hay en tu vida conspirará para que una mujer profunda se acerque a ti cuando estés preparada para recibirla.

Rara vez se habla de la vida intuitiva de una mujer profunda; sin embargo, las acciones cotidianas sagradas de estas mujeres es lo que está favoreciendo que la Tierra se esté abriendo a una nueva vida.

Las mujeres profundas tienen el futuro de nuestro planeta en sus manos compasivas y llenas de luz, protegidas por la Tierra.

En la eterna memoria de Lizzy
2-7-49/7-7-77

Bibliografía

Inglehart Austen, H. (1990), *The Heart of the Goddess: Art, Myth and Meditations of the World's Sacred Feminine*, California: Wingbow Press.

Blair, N. (2002), *The Book of Goddesses*, Londres: Vega.

Calvert, R. N. (2002), *La historia del masaje*, Grupo Editorial Tomo.

Choquette, S. (1999), *The Psychic Pathway: A 12-Week Programme for Developing Your Psychic Gifts*, Londres: Judy Piatkus (Publishers) Ltd.

Deida, D., (2004), *El camino del hombre superior*, Gaia Ediciones

—— (2005), *Blue Truth: A Spiritual Guide to Life & Death and Love & Sex*, Boulder, CO: Sounds True Inc.

Estés, C. P. (1993), *Mujeres que corren con los lobos*, Ediciones B.

Fry, S. (2017), *Mythos*, Reino Unido: Michael Joseph.

Hay, L. (1984), *Usted puede sanar su vida*, Editorial Urano.

Houston, S. (2006), *Invoking Mary Magdalene: Accessing the Wisdom of the Divine Feminine*, Boulder CO: Sounds True, Inc.

Jampolsky, G. G. (2004), *Amar es liberarse del miedo*, Gaia Ediciones.

Marciniak, B. (1992), *Mensajeros del alba: las sorprendentes enseñanzas de los Pleyadianos*, Editorial Obelisco.

Matthews, C. y Matthews, J. (1992), *Ladies of the Lake*, Londres: Thorsons.

—— (2002), *The Encyclopaedia of Celtic Myth and Legend: An Inspirational Source Book of Magic, Vision, and Lore*, Londres: Rider.

Monaghan, P. (2000), *The New Book of Goddesses and Heroines*, Minnesota: Llewellyn Publications.

Mookerjee, A. (1988), *Kali: The Feminine Force*, Londres: Thames and Hudson Ltd.

Mutén, B. (2001), *The Lady of Ten Thousand Names: Goddess Stories from Many Cultures*, Bath: Barefoot Books Ltd.

Myss, C. (2002), *El contrato sagrado*, Ediciones B.

Ngozi Adichie, C. (2014), *Todos deberíamos ser feministas*, Editorial Mondadori.

Prophet, E. C. (2003), *Almas compañeras y llamas gemelas: las dimensiones espirituales del amor y las relaciones*, Summit University Press.

Telyndru, J. (2017), *Avalon Within: A Sacred Journey of Myth, Mystery, and Inner Wisdom*, Minnesota: Llewellyn Publications.

Tipping, C. C. (2000), *Radical Forgiveness: Making Room for the Miracle*, Dublin: Gateway (Gill & Macmillan Ltd).

Williamson, M. (1996), *Volver al amor: reflexiones sobre los principios de Un Curso de Milagros*, Ediciones Urano.

Wolf, N. (1991), *El mito de la belleza*, Editorial Salamandra.

★★★

www.goddessofsacredsex.com/2015/11/02/dancing-with-the-dark-goddess/ (consultado en marzo de 2018).

www.adishakti.org/_/shekinah_image_of_the_divine_feminine.htm (consultado en marzo de 2018).

www.bbc.co.uk/religion/religions/christianity/history/marymagdalene.shtml (consultado en marzo de 2018).

www.inaliminalspace.org/about-us/what-is-a-liminal-space/, (consultado en febrero de 2018).

Acerca de la autora

Sophie Bashford nació y se educó en Cambridge (Inglaterra). Su vida estuvo marcada por la pérdida de su madre en su temprana infancia. Cuando se quedó embarazada de su primera hija, alrededor de los veinticinco años, Sophie fue catapultada a una crisis de sanación e inició su viaje hacia el crecimiento personal y el despertar espiritual.

Más adelante se produjeron intensos cambios en su vida, y Sophie experimentó una poderosa conexión intuitiva que hasta ese momento había permanecido latente. Su interés y su pasión por lo Sagrado Femenino creció cada vez más, y durante los años siguientes trabajó intensamente para volver a conectarse con la Conciencia de la Diosa.

Reconocida actualmente en todo el mundo como una voz eminente y un canal para lo Sagrado Femenino, Sophie tiene muchos seguidores en su página de Facebook, en la que escribe prolíficamente. Además, muchas personas de todo el mundo asisten a los Retiros de las Carpas Sanadoras de Sophie, espacios sagrados de transformación nacidos de una visión que tuvo inmediatamente después del nacimiento de su segunda hija.

Valorada como una maestra intuitiva y conferenciante de gran talento, desde hace mucho tiempo Sophie tiene una amplia cartera internacional de clientes y ha ofrecido sus talleres en el Festival Espiritual de Mente y Cuerpo y Alternativas *(Alternatives and Mind Body Spiritual Festival)* de Londres, en los que se han agotado todas las entradas.

Tiene dos hijas adolescentes y vive en Brighton (Sussex).

Facebook @sophiebashfordintuitive
Thesophiebashford
www.sophiebashford.com